老子生平四大圣地

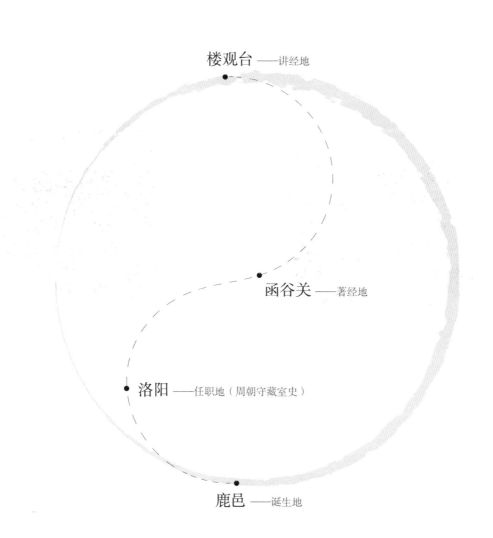

楼观台——讲经地

函谷关——著经地

洛阳——任职地（周朝守藏室史）

鹿邑——诞生地

老君台（河南鹿邑）

老子纪念馆（河南洛阳）

函谷关（河南灵宝）

楼观台（陕西周至）

编 委 会

道德经新注

插图珍藏版

王家春 注/绘

陕西师范大学出版总社　西安

图书代号　WX24N0932

图书在版编目（CIP）数据

道德经新注 / 王家春注、绘. -- 西安：陕西师范大学出版
总社有限公司, 2024. 7. -- ISBN 978-7-5695-4547-0

Ⅰ. B223.12

中国国家版本馆CIP数据核字第2024BA3161号

道德经新注
DAO DE JING XIN ZHU

王家春　注/绘

出 版 人	刘东风
总 策 划	孙留伟
特约编辑	岳　朗
责任编辑	庄婧卿
责任校对	张旭升　王丽君
艺术指导	卫东青
装帧设计	贰色两叄　朱天瑞
出版发行	陕西师范大学出版总社
	（西安市长安南路199号　邮编：710062）
印　　刷	西安浩轩印务有限公司
开　　本	889 mm×1194 mm　1/24
印　　张	12.25
插　　页	8
字　　数	119千
版　　次	2024年7月第1版
印　　次	2024年7月第1次印刷
书　　号	ISBN 978-7-5695-4547-0
定　　价	128.00元

读者购书、书店添货或发现印装质量问题，请与本公司营销部联系、调换。
电话：（029）85307864 85303629 传真：（029）85303879

编注说明

  鉴于出土的帛书两种以甲本为早，因此本次编校出版以帛书甲本为主要底本，以帛书乙本内容为主要参校对象和补充；对甲、乙两本同时存在残损的字句，参照王弼通行本《道德经》、郭店楚墓竹简本，及韩非子《解老》《喻老》所引用的原文等，以求尽量贴近老子《道德经》原始风貌。

  根据本书的读者对象和群体，编者对于本书的整理编注体例，大致说明如下：

  1.帛书《老子》原文次序分为《德篇》《道篇》，本次编辑整理因考虑到大众的阅读习惯，仍依照通行本的目录顺序，即调整为《道篇》在前，《德篇》在后；各篇章次序，也参照通行本进行了部分调整。

  2.帛书《老子》甲本，统称"甲本"；帛书《老子》乙本，统称"乙本"；王弼所注《道德经》版本，统称"通行本"。

  3.针对甲本残缺的字词，优先通过乙本进行补漏，继而参考竹简本、通行本等给予补漏，并在文下注释说明。

  4.针对甲、乙本中通假字、假借字，参考帛书研究组及学者训诂的成果，仅在注释中说明该字在帛书中的原字形。

5.针对帛书中笔画烦琐的古体字、异体字，若甲本用古体、异体字，而乙本用通用字形，则直接选用乙本字形（如"难得之货"，"货"字甲本写作"賞"；"五味令人口爽"，"爽"字甲本用"啪"，而乙本这两处则分别写作"货""爽"）；若甲、乙本皆用古体、异体字，正文中则选用其现代简体规范字。

6.经研究判断甲本属于当时抄录者明显人为造成的错字、别字、讹字、脱字或衍字的，采用乙本或通行本的用字（如"曲则金"，属于明显抄写错误，正确表述为"曲则全"；甲本"夫唯居"，属于掉字情形，据乙本及通行本，当为"夫唯弗居"），在注释中标注说明。

7.对于本书的插画配文，属于画家的个人理解和创作，非摘抄原文。

8.本书将帛书甲本、乙本原貌，以附录的形式在本书予以呈现，以方便专家、学者进行对照和深入研究学习。

序

喜闻家春先生用哲理中国画的形式,将《道德经》的要义惠予大众,甚感欣悦。

《道德经》是先秦时期道家学派的代表性著作,是中华优秀传统文化的重要经典,它的影响已经从中国走向了世界,与东方智慧紧密联系在了一起。

家春先生在河南工作时,因学哲学,曾来陕与我商"道",后调陕西工作,联系更多,遇道家文化"玄奥难懂"时,我也多有开示。与家春先生相交多年,先生在很多方面颇有造诣,学识渊博,并贵在不断自修并助人修,精神可嘉。

《道德经》简短五千言,微言藏大义,但原文晦涩难懂,大众读者很难把握其要义。家春先生今著图文并茂之册,释《道德经》奥义,开导众生,慰抚人心,助人增慧,乃上善之举。今阅之深感至善至慧,遂唱偈曰:

画文相辅,形意互佐。自成一派,珠联璧合。

体道法天,济度众生。不必赘述,仅草为序。

中国道教协会原会长　任法融

前　言

　　老子《道德经》历来传播的通行本，多以魏晋哲学家王弼的注解本为蓝本，流传至今。至于王弼的版本，大约是从秦汉、魏晋官方流传（包括改动、修正）而来的。

　　对照出土的各种《老子》早期版本，以及专家研究发现，通行本对原文有不少改动，致使流行的《道德经》文本与最初原本在许多细节上有所出入。

　　1973 年 12 月，湖南长沙马王堆三号汉墓出土了一批帛书，包括多种先秦著作。其中，出土《老子》写本两种，分别称为帛书甲本和帛书乙本。帛书甲本字体介于篆书和隶书之间，接近篆体。据学者推断，其抄写年代在汉高祖之前。帛书乙本字体为隶书，其抄写年代大约在汉惠帝或吕后时期。这两种《老子》抄本，距今已有两千多年的时间，是目前所能见到的《老子》一书最早的完本。

　　马王堆帛书《老子》的发现，向世人展示了《老子》文本发展演变过程中更早的、也更接近作品原貌和本意的版本。因此，本书的整理、注译采用帛书本《老子》作为蓝本，希望广大读者能学习到《道德经》较为贴近原始的文本，从而领略老子的处世智慧和人生哲学。

　　因此，本次重新编辑整理的《道德经》新注本具有以下几个显著特点：

　1.本书以甲本为主，同时以乙本作为重要补充，帛书本中的用词及其含义与通行本有明显差异的，也在注释中尽量予以对比呈现，让读者在阅读学习中获得更广阔的视野。

　2.针对文中部分生僻字词、多音字等，给予注音和注释，涉及字词的本义及其引申义、比喻义等，力求精确。同时对每个章节进行释义，让读者能在轻松无障碍的阅读中吸收老子的哲理智慧。

　3.本书的插画部分，由哲理中国画创始人王家春老师担纲绘制。王家春老师根据每个章节的主题进行创作绘画，通过哲理画的方式，以简洁生动、富有趣味性的画面阐释《道德经》中深奥哲理，帮助读者更直观地理解书中的思想。

　4.本书正文之前用手绘图及图片的方式将老子生平中重要的几个活动地域联结起来，让读者更清晰地了解老子一生的行动轨迹。

　老子的《道德经》是一本启迪智慧的经典之作，从古至今影响了不知多少学习者的认知和行为方式。

　不过，《道德经》虽好，当下普通大众真正能读懂它的却少之又少。关于《道德经》，大哲学家尼采曾说：《道德经》像一个永不枯竭的井泉，满载宝藏。那么我们需要的，便是一只能够舀出甘泉的水瓢。

因此，本书在文字解读的基础上，以哲理画的形式，送给读者一只水瓢，用它舀上甘甜的《道德经》的泉水，滋润我们在日常生活中迷茫和焦虑的心田、启迪我们在人生道路上面对困难和困惑的智慧，从而引领我们获得幸福圆满的人生。

虽为一瓢，受益一生。

目　录

德篇

附录

道

篇

●

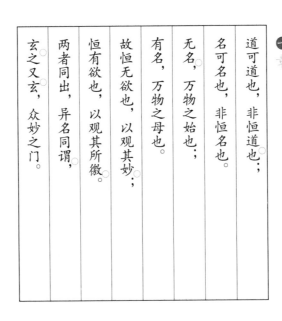

一章

道可道也，非恒道也；

名可名也，非恒名也。

无名，万物之始也；

有名，万物之母也。

故恒无欲也，以观其妙；

恒有欲也，以观其所徼。

两者同出，异名同谓，

玄之又玄，众妙之门。

○恒道：永恒不变的真理、大道。恒，通行本作"常"。○无名：没有被命名，指万物混沌最初的状态。○妙：奥妙。甲本作"眇"，通假，下同。○徼（jiào）：边际。甲本作"噭"，通假。○谓：甲本作"胃"，通假。下同。○玄：深奥，抽象，形而上的事物。○又：甲本作"有"。通假，下同。

此两者同出而异名 同谓之玄 玄之又玄 众妙之门

智慧堂王家春敬序

哲理中国画

道虽然可以被言说，但能说出来的道并不是永恒的宇宙大道；万事万物可以被命名，但可以被命名的事物就不是永恒存在的事物。天地形成之初，万物还没有产生，所以都没有名称。产生了万物并赋予不同的名称，天下便有了万物的概念。所以，要从万物产生之前"无"的状态，体会从无生有的奥妙；要从万物产生后"有"的状态，观察事物之间的差别界限。无和有，这两者都从大道中产生，虽然名称或表述不同，但指的是同一件事物。有、无同根同源这种"玄"之又"玄"的形态，是我们认知天下万物、认知道的门径。所以研究无和有是通向宇宙大道奥妙的方便之门。

　　我们看不见的宇宙大道，主宰着这个世界的变化规律；我们能看见的万事万物，时刻呈现着这个世界的奥妙关系。这是老子智慧的最根本的基石。

二章

天下皆知美之为美，恶已；

皆知善，斯不善矣。

有无之相生也，难易之相成也，

长短之相形也，高下之相盈也，

音声之相和也，先后之相随，恒也。

是以圣人居无为之事，行不言之教。

万物作而弗始也，为而弗恃也，

成功而弗居也。夫唯弗居，是以弗去。

○斯：则，就。甲本作"訾"，假借。○相形：相互显现、体现。形，甲本作"刑"，通假，下同。○相盈：相互包含、补充。○音声：甲本作"意声"，疑错。○相和：相互共鸣、和谐。○随：甲本作"隨"，通假。○圣：甲本作"声"，假借，下同。○居：担任。通行本作"处"。○弗：不。通行本全书多作"不"。○始：谋划，干预。通行本作"辞"。○恃：仰仗。甲本作"志"，假借。○成功：通行本作"功成"。○夫唯弗居：甲本作"夫唯居"，疑漏字。

圣人处无为之事 行不言之教

智慧堂 王家春作

天下的人知道了美之所以为美，丑的观念也就产生了，知道了善之所以为善，恶的观念也就产生了。因此，有和无相对而生，难和易相对而成，长和短相对而现，高和低相对而分，音和声相对而和，前和后相对而随。这是一个恒定不变的规律。所以圣人处事顺从自然，不刻意而为，教化人身体力行，不夸夸其谈。万事万物自然运行不去干预，成就万物而不依赖它们，建立功业也不去居其功劳。因为圣人不居其功，所以也不会失去功名。

人生有高峰，必有低谷，有幸福，必有痛苦，有成功，必有失败。任何人都改变不了宇宙的运行法则，我们唯一能改变的，就是对待这个法则的态度。

三章

不上贤，使民不争；

不贵难得之货，使民不为盗；

不见可欲，使民不乱。

是以圣人之治也：

虚其心，实其腹，弱其志，强其骨。

恒使民无知无欲也，使夫智不敢，

弗为而已，则无不治矣。

○上：抬高地位，引申为推崇。通行本作"尚"。○贵：抬高价格。引申为珍视，重视。
○难得之货：不易得到的财货。○可欲：使人引起欲望的东西。○智：聪明。甲本、乙本
作"知"，通假，下同。

虚其名利心 强其筋骨体
千好万好 身体最好

智慧堂 王家春作之

不推崇贤能外在的名声，使老百姓不去争名争利；不去炒作稀奇物品的价值，使老百姓不起盗窃之心；不去展现可以引起贪欲之心的事物，使老百姓的心不会因贪心而迷乱。所以得道之人治理天下，虚其争名争利的贪心，让老百姓衣食无忧，不去争权夺利，而去强身健体，使民众处于质朴自然而不妄为的状态，让那些想投机取巧的人不敢有所行动。这样看似"无为"的治理，其实是"无不治"的最好的治理。

人生要想幸福就不要为名所累，不争名；不要为物所累，不争货；不要为利所累，不贪欲。达到这样的境界，不就是"心不贪，腹能实，志不高，身体好，顺其大道"的幸福人生吗？

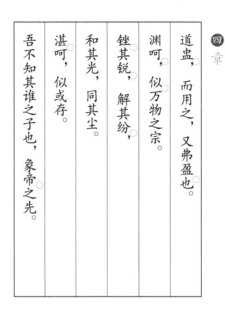

四章

道盅，而用之，又弗盈也。

渊呵，似万物之宗。

锉其锐，解其纷，

和其光，同其尘。

湛呵，似或存。

吾不知其谁之子也，象帝之先。

○盅：容器的中空部分，引申为虚。乙本作"沖"，通假。○盈：满，容器装满为盈。○渊呵：幽深而不见底。渊，甲本作"潚"，通假，下同。呵，助词，通行本统一作"兮"。○似：甲本作"始"，假借。○锉：用锉刀打磨掉棱角，引申为打磨，磨平。○锐：锋芒。乙本作"兑"，通假，下同。○纷：争执，纠纷。○湛：澄澈空明。○象帝：万事万物的主宰。象，万物的形状，指有形的物质存在。

道冲用之不盈 天地万物 皆在道中

智慧堂 王家春作之

道

　　道，好像一个空虚的容器，用起来取之不尽，永远也不会盈满。它是那样的深不可测，是自然界万事万物的宗主。它不显露锋芒，它化解各种纷争，它调和自己的光芒，它与尘垢相处也很坦然。它清澈空明，时而可见，时而又不现。我不知道它是由谁所生的，只知道在最早的有形之物出现之前，它就已经存在了。

　　大道的这些特征，空虚包容，不露锋芒，却可以化解纷争，用于我们济世安邦、为人处世，不正是人生的大智慧吗？

五 章

天地不仁，以万物为刍狗；

圣人不仁，以百姓为刍狗。

天地之间，其犹橐籥与！

虚而不屈，动而愈出。

多闻数穷，不若守于中。

○不仁：无所谓偏好、仁慈等。引申为不掺杂人类情感道德。○刍狗：原指古代祭祀用草纸扎糊的动物，引申为牺牲。借指一视同仁。○姓：甲本作"省"，假借，下同。○橐籥（tuó yuè）：古代冶炼时用以鼓风吹火的手风箱。○屈：甲本作"淈"，通假。○动：甲本作"蹱"，通假，下同。○愈：甲本作"俞"，通假，下同。○多闻数穷：对外界过多的见闻反而让人无所应付。穷，窘迫。○守于中：秉持内心的虚无清静。

天地不仁 以万物为刍狗
万物按自身规律 生机勃勃 生生不息

智慧堂 王高春书之

有理中国画

天地没有偏爱的私心，对待万物就像对待祭祀时用草编的刍狗一样，让其按照自身规律生灭运行。圣人也没有偏爱的私心，对待百姓也像是当作祭祀时草编的刍狗一样，让其按照自然规律生存发展。天地之间，不正像一只巨大的风箱！虽然是空虚的却永不竭尽，一旦鼓动起来，又包含着巨大的动力。越是向外追求见闻知识，就会越发失去对道的把握，倒不如安守于自己的内心，坚守静虚的大道，遵循自然规律发展运行。

　　没有偏爱之心，正是一种不刻意于爱的大爱，让万事万物复归于自然的本性，让它们按照固有的天道发展。只有这样，万事万物才能各显生机，竞求发展，出现一派欣欣向荣的局面。

六章

谷神不死，

是谓玄牝。

玄牝之门，

是谓天地之根。

绵绵呵若存，

用之不尽。

○谷神：生养之神，比喻原始的母体，即产生万物的"道"。谷，甲本作"浴"，通假，下同。○玄牝（pìn）：喻指抽象之道的生母。牝，指雌性的动物。○绵绵：绵延不绝。○尽：甲本作"堇"，假借。通行本作"勤"。

好雨知时节 谁在发其力 大道
大道绵绵若存 用之不勤

智慧堂 王家春作

哲理中国画

018

道是永远存在不会消失的，它是一个伟大的玄妙的母体。这个母体的生育之门，就是天地万物得以产生的根源。它的存在和运行如同丝一样细微，连绵不断，时隐时现，然而无论怎么使用，都不会竭尽。

老子对道进行了拟人化的描述，让人们对产生天地万物的道有了一个形象化的理解。道是一个永远的存在，它是一位母亲，万事万物都是她的子孙，永远受到她的孕育和滋养，不会穷尽。这便是大自然的规律。

七章

天长，地久。

天地之所以能长且久者，

以其不自生也，故能长生。

是以圣人退其身而身先，

外其身而身存。

不以其无私与？

故能成其私。

○不自生：不独为自己而生。○退：甲本作"芮"，通假，下同。通行本作"后"。○身：自己，本身，此指个人私利。○不以：不正是因为。通行本作"非以"。○与：疑问助词，意同"欤"。甲本作"舆"，通假，下同。通行本作"邪"。

树为鸟栖而得其肥 以其无私而成就自己 一智斋王家春

天地是长久存在的。天地之所以能够长久，是因为它没有私利，不为自己而生，却生发了万物，因此才能得以长久。所以，圣人总是谦让后退，反而受到众人的尊重，时常被推举在前；遇到危险时，圣人敢于置之度外，反而自身得以保全。这些不正是因为圣人没有自己的私欲，因此反而成就了他们自己吗？

　　天地大道同样是大智慧的圣人之道：无私无欲，处后居先，先人后己。能够做到如此，反而能占有先机，保存生机，所以老子称，这种无私换来的是"成其私"。

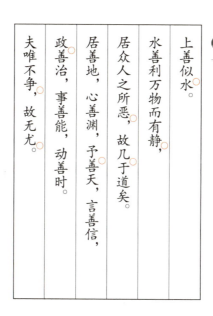

八章

上善似水。

水善利万物而有静，

居众人之所恶，故几于道矣。

居善地，心善渊，予善天，言善信，

政善治，事善能，动善时。

夫唯不争，故无尤。

○似：好像。甲本作"治"，通假。通行本作"若"。○有静：趋向于平静。通行本作"不争"。
○恶（wù）：讨厌，憎恨。此句甲本疑漏"人"字。○几（jī）：接近，达到。○予（yǔ）：
给予、施惠。予善天，通行本作"与善仁"。○政：国家政务。甲本作"正"，通假，下同。
○不争：甲本作"不静"，"静"通"争"，下同。○尤：过失，罪过，怨恨。

上善若水
水善利万物而不争

智慧堂 王家春书

哲理中国画

最高层次的善，就像水一样。水滋养着万物，而又安然守静，处在众人都不喜欢的低洼之处而心甘情愿。所以，水最近乎大道。人要像流水一样甘居低处，心胸要像深渊一样广博安静。交往施予要像天降雨水一样滋养万物。言行要像水热成雾、水冻为冰一样坚守信用。为政要像治水一样堵疏并用。做事要像水大去载舟，水小去泽田一样尽其所能，发挥所长。行动要像雨雪霜露一样，把握住时机，春时为雨润田，冬时为雪覆苗，使得一切正当其时。正是因为能像水一样顺应大道，不与人争，所以才不会招人怨恨。

水具有多方面的美德与优点，值得人们学习。以水为师，顺应自然，不与人争，自然会达到一种无忧无虑的境界。

九章

持而盈之，不若其已，
揣而锐之，不可长葆之。
金玉盈室，莫之守也；
贵富而骄，自遗咎也。
功遂身退，天之道也。

○持：甲本作"揤"，异体。○已：停下来。○揣（zhuī）：捶击。○葆（bǎo）：保持，守藏。通行本多作"保"或"宝"。○咎（jiù）：灾祸。○遂：完成。甲本作"述"，疑错。

宝剑入鞘 功遂身退 天之道也

智慧忠堂 王家春

事事追求盈满，不如适可而止。将金属锻打出细利的锋尖，往往容易折断，无法保持长久。金玉财富多到填满整个宅所，可惜没人能长久守护得住。富贵而骄纵，只能自引祸端。功业成就圆满了，就不要再牢牢把持，而是退身放下，这才是符合天道的做法。

　　万事万物都有度，如果把握不好这个度，就会使事物发展走向自己的反面。所以老子告诫大家，要善于审时度势，急流勇退，这样才可保全天年。

十章

载营魄抱一，能毋离乎？

抟气致柔，能婴儿乎？

涤除玄鉴，能毋疵乎？

爱民治国，能毋以智乎？

天门启阖，能为雌乎？

明白四达，能毋以知乎？

生之，畜之，生而弗有，

长而弗宰也，是谓玄德。

○载：助词，加重语气。○营魄（pò）：身体与精神。○毋（wú）：不，意同"勿"。通行本作"无"。○抟（tuán）气：聚结精气。○致：乙本作"至"，通假，下同。○涤除：指洗除尘垢，比喻排除杂念。涤，甲本作"修"，通假。○玄鉴：明镜，比喻洞观明察。鉴，乙本作"监"，通假，下同；通行本作"览"。○毋以智：通行本作"无知"。○天门：指人体口、鼻、耳、目等七窍。○启阖（hé）：开闭。○毋以知：通行本作"无为"。

营魄抱一抱朴归真

智慧堂 王家春 馬

精神与肉体合二为一，能做到不分离吗？平心静气，达到柔和，能做到像婴儿一样纯洁无邪吗？以心为镜，涤除杂念，能做到没有瑕疵吗？爱护民众，治理国家，能做到不运用智巧吗？口、鼻、耳、目等七窍通过开闭感知外界，能保持安静吗？知晓天下，东西南北事事都通达清楚，能不使用心计吗？道，孕生万物并养育万物。它生养万物而不占有它们，引导万物成长而不主宰它们，这就是最深远的德。

　　身心统一，就会净化心灵中外在的诱惑，使内心复归于平静。当一个人心无杂念的时候，就不会居功自傲、追求虚名，不会急功近利，而是事事通达、物物随缘、无忧无嗔，自然心灵宁静、幸福安康。

卅辐同一毂，当其无，有车之用也；

埏埴为器，当其无，有埴器之用也；

凿户牖，当其无，有室之用也。

故有之以为利，无之以为用。

○卅（sà）：三十。○辐（fú）：车轮中连接车毂和轮圈的木制辐条。○毂（gǔ）：车轮中心可插轴与辐条的部分。○埏埴（shān zhí）：用水和成黏土。埴，黏土，可制陶器。○户牖（yǒu）：门窗。

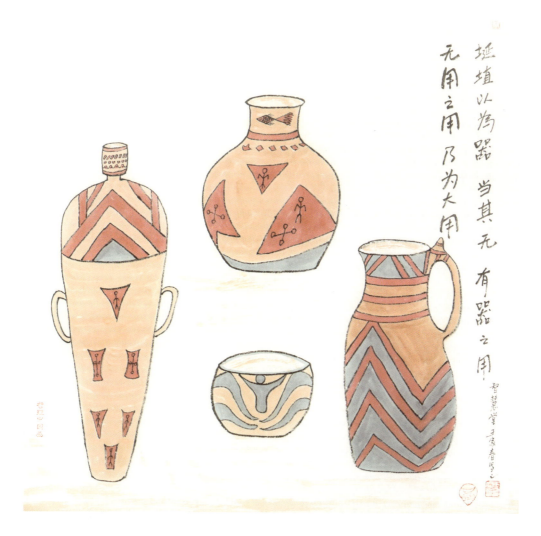

埏埴以为器 当其无 有器之用

无用之用 乃为大用

　　三十根辐条共同连接在一个车毂上，由于车毂中间是空的，才能有车轮的作用。揉和泥土，制作成陶器，正是由于陶器中间是空的，才能有容器的作用。开凿门窗，正是由于墙壁中间是空的，才能有房屋居住的作用。所以说，实有的物体给人们带来的便利，正是"无"在其中发挥了作用。

　　一般人眼中看到的都是"有"的作用，而忽视了"无"的作用。其实，有和无相互依存，相互作用，甚至相互转化。很多"有"之所以能存在，是"无"帮它生成的结果。这正是有和无的辩证关系。

十二章

五色使人目盲；

驰骋田猎，使人心发狂；

难得之货，使人之行妨；

五味使人之口爽；

五音使人之耳聋。

是以圣人之治也，

为腹不为目，故去彼取此。

○五色：指青、黄、赤、白、黑五色，也泛指各种色彩。○盲：甲本作"明"，疑错。

○驰骋（chěng）：骑马奔驰，比喻纵情。田猎：即打猎。田，通"畋"（tián），打猎。猎，甲本作"腊"，通假。○行妨：妨害行为，指造成行为不轨。妨，甲本作"方"，通假。

○五味：指饮食的五种味道，酸、苦、甘、辛、咸。○五音：古代五声音阶，即宫、商、角、徵、羽。○彼：甲本作"罢"，假借。○取：甲本作"耳"，疑错。

难得之货

令人行妨

智慧堂 王家春作

色彩过于绚丽缤纷，容易伤害人的眼睛，难以辨识事物。驰骋山野，纵情追逐猎物，容易使人心浮气躁而心态发狂。难得的稀有贵重的财货，容易诱惑人做出盗抢的不轨行为。美味佳肴享受过多，容易损害人的味觉。沉迷于靡靡之音，容易让人听觉失灵，使人变得昏聩。因此，圣人安于果腹的简朴生活，不追求外在的灯红酒绿、声色浮华，摒弃那些让人偏离正道的物欲诱惑，保持内心安静。

过于贪恋外在的感官享受，反而会对自己造成伤害。所以老子主张，要守中、归朴、少欲、贵简。抵制住外在的诱惑，追求内心的丰富，让浮躁的心灵得以平静，这无疑是养生的第一要义。

十三章

宠辱若惊，贵大患若身。

何谓宠辱若惊？宠之为下，得之若惊，失之若惊，是谓宠辱若惊。

何谓贵大患若身？吾所以有大患者，为吾有身也，及吾无身，有何患？

故贵为身于为天下，若可以托天下矣。

爱以身为天下，如可以寄天下。

○宠：甲本作"龙"，通假，下同。○惊：惊慌，不安。○贵：看重，重视。○大患：强烈的担忧。患，甲本作"梡"，假借。○何：甲本作"苛"，通假，下同。○为身于：通行本作"以身"。○托：寄托，托付。意同后文中的"寄"。○如：甲本作"女"，通假，下同。

038

不为名利所累 自可宠辱不惊

受宠或受辱都会感到不安，内心波澜陡起。对祸患的忧虑操心就像重视自己的健康一样。什么叫"宠辱若惊"？受宠的人因为处于低下的地位，得到宠爱就会又惊又喜，难以平静；失去宠爱时，就会感到受辱，悲愤交加、心生惊恐，这就叫"宠辱若惊"。什么叫"贵大患若身"呢？我之所以有大的祸患，是因为我考虑到了自己这个肉身。如果我没有这个肉身，我还有什么可忧患的呢？所以，能以重视自己身体的态度去对待天下，这样就可以把天下托付给他。能像爱护自己的身体一样爱护天下，就可以把天下交付给他。

　　世间能做到宠辱不惊的人很少。一个珍惜生命、爱惜自己身体的人，一定会顺应大道，不胡作非为，把这种仁爱施与国家和人民，国家就可以放心地交给他管理。

十四章

视之而弗见，名之曰微；

听之而弗闻，名之曰希；

捪之而弗得，名之曰夷。

三者不可致诘，故混而为一。

一者，其上不攸，其下不忽。

寻寻呵，不可名也，复归于无物。

是谓无状之状，无物之象，是谓惚恍。

随而不见其后，迎而不见其首。

执今之道，以御今之有，

以知古始，是谓道纪。

○希：表示无声。○捪（mín）：抚，摹。通行本作"搏"。○夷：灭，表示没有。○致诘（jié）：推究，究问。甲本作"至计"，通假。○攸：光明。通行本作"皦"。○忽：辽远，渺茫。通行本作"昧"。○寻寻：无边无际。通行本作"绳绳"。○惚恍（hū huǎng）：没有具体形状，难以看清和捉摸。乙本作"沕望"，通假，下同。○执今：通行本作"执古"。○御：驾驭。○道纪：大道的规律。纪，法则，准则。

执古之道 以御今之有

智慧堂王家春题之

哲理中国画

看它看不到，称呼它为"微"；听它听不见，称它为"希"；摸它摸不着，称它为"夷"。这三者的区别很难界定，不可细究，所以混同为一体来看。这个"一"，它上面不显光明，下面也不觉暗昧，延绵不绝、无穷无尽、不可言说，经常复归于无形的存在。无形，并不是说它什么也没有，而是一种没有形状的形状，没有形体的形象，恍恍惚惚、若有若无、若存若亡。跟随着它，看不到它的末尾；迎面而视，却又看不到它的前端。把握住当下这亘古永恒的道，用来驾驭当下的事务，窥见道的本来面貌和最初状态。这就是认知"道"的规律。

作为大道，它没有任何形象，恍恍惚惚、无法捉摸，却无处不在，无时不在。而我们需要按照大道的规律办事，才能诸事顺遂。这个规律尽管是看不见、摸不着的，但它始终是客观存在的，漠视它的存在，就会受到相应的惩罚。

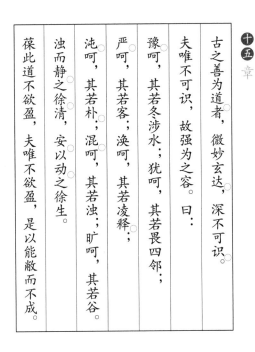

古之善为道者，微妙玄达，深不可识。

夫唯不可识，故强为之容。曰：

豫呵，其若冬涉水；犹呵，其若畏四邻；

严呵，其若客；涣呵，其若凌释；

沌呵，其若朴；混呵，其若浊；旷呵，其若谷。

浊而静之徐清，安以动之徐生。

葆此道不欲盈，夫唯不欲盈，是以能敝而不成。

○为道：行道。通行本作"为士"。○玄达：幽深豁达貌。通行本作"玄通"。○识（zhì）：认知。甲本作"志"，假借，下同。○豫：谨慎，犹豫。甲本作"与"，假借。○严：恭敬，庄重。○凌释：冰块消散，融化。甲本作"凌泽"，通假。○沌：淳朴，天真。○朴：甲本作"楃"，假借，下同。○混（hún）：浑然不辨。甲本作"湣"，通假。○静：甲本作"情"，通假，下同。○徐：缓缓。甲本作"余"，通假，下同。○安：甲本作"女"，通假。○动：甲本作"重"，通假。

浊以静之徐清 安以动之徐生

看似静止的种子蕴含着无穷生命

智慧堂王宬春隶之

古代那些行道之人，微妙不可言，通达不可测，深奥得使人难以认知。正是因为难以认知，所以只能勉强加以形容。他小心审慎，好像严冬时履冰过河；他迟疑戒惕，好像害怕四邻都有敌人；他恭敬庄重，好像自己在去做宾客；他和蔼可亲，好像能把冰凌消融；他敦厚老实，好像原始的木料未经雕琢；浑朴淳厚得好像江河的浊水，他心胸开阔得就像虚空的山谷。奔流的浊水在安静下来以后，就会慢慢澄清。万物在安稳沉静的状态下，就会慢慢萌发生机。能秉持这样道行的人不会贪求过于圆满，正是因为不去贪求圆满，所以才能不断地推陈出新。

　　得道者崇尚自然朴素，行为谨慎，庄重恭敬、虚怀若谷、洒脱明智，不求事事圆满，所以才能事事更新，保持身心健康。

十六章

至虚极也，守静笃也。

万物旁作，吾以观其复也。

天物云云，各复归于其根。

归根曰静，静是谓复命。

复命，常也；知常，明也。

不知常，妄，妄作，凶。

知常容，容乃公，公乃王，王乃天，

天乃道，道乃久，没身不殆。

○虚极：指太空，引申为虚无的最高境界。○静笃：清静无欲。笃，甲本作"表"，疑错。乙本作"督"，假借。○旁作：繁荣滋长。旁，普遍。通行本作"并作"。○复：循环往复。○天物：指鸟兽草木等自然界生长的东西。通行本作"夫物"。○云云：周旋运布。通行本作"芸芸"。○妄：狂乱，毫无约束，胡作非为。甲本作"币"，通假。○没（mò）身：终生。没，意同"殁"，死亡；甲本作"沕"，通假。○殆（dài）：危险，祸患。甲本作"怠"，通假。

至虛極 守靜篤 萬物旁作 吾觀其復

智慧堂王家春作

达到虚无的极致，坚守宁静的厚重。世间万物繁荣生长，而我会观察它们生生灭灭、循环往复的规律。自然万物生长运行，虽然变幻多端，最终各自回归它们的本根。回归本根就叫作"静"。宁静中蕴涵着新的生命。生命的循环往复这是规律，认清了这个规律，便是明智。不知道这个规律，叫作"妄"。盲目地妄自行动，就会生出灾祸。知道并掌握了这个规律，就会有包容心，可以容纳万事万物。有了包容心，按照规律处事就会公平公正。公平公正则会惠及百姓，惠及百姓就能够得到天下，得到天下就是符合大道的结果呀！遵循于道，则能使人长长久久，终身不会有什么灾祸。

　　每个人的心灵都应该是空明宁静的状态，只有这样才能映照出"道"的真面目，使人依大道而行。以恬淡的心境去观察万事万物的生生灭灭、循循环环，认识到万物运行的自然规律，心胸就会豁然，待人也会不偏不倚，如此才能远离灾祸、幸福终生。

十七章

太上，下知有之；其次，亲誉之；

其次，畏之；其下，侮之。

信不足，安有不信。

犹呵，其贵言也。

成功遂事，而百姓谓我自然。

○太上：最上。指最好的君王。○亲誉：亲近而称誉。侮，甲本作"母"，假借。○安：于是，就。甲本作"案"，通假，下同。○犹呵：悠闲自在。通行本作"悠兮"。○成功遂事：通行本作"功成事遂"。

悠兮其貴言 句句千鈞 方為神仙

智慧堂 王敬春敬書

最高明的领导，老百姓仅仅知道他的存在。次一等的领导，老百姓亲近他，赞美他。再次一等的领导，老百姓畏惧他，害怕他。最次的领导，民众会偷偷地轻视他，谩骂他。当领导的诚信不足、言行不一，老百姓就会对他不信任。最高明的领导总是显得不急不躁，悠闲自在，珍惜自己的言论，很少去发号施令。等到事情做成功了，百姓们都会说"我们本来就是这样子的"。

因此，让老百姓自由地生活，安居乐业，按照大道自发发展，而不人为地过多干预，这就是领导者的大智慧。

十八章

故大道废，安有仁义；

智慧出，安有大伪；

六亲不和，安有孝慈；

邦家昏乱，安有贞臣。

○安：连词，于是，才。通行本此章统一无"安"。○智慧：甲本作"知快"。其中"快"疑错。○大伪：高明的伪装。○六亲：指父、母、兄、弟、妻、子。○孝慈：甲本作"畜兹"，假借，下同。○邦家：即国家、邦国。○贞臣：忠贞竭诚的臣子。通行本作"忠臣"。

邦有难处 必有忠臣

智慧堂 王家春 □

所以，大道被废弃了，才会提倡仁义道德；投机取巧的智谋出 现了，才会有狡诈和虚伪；家庭之间不和睦了，才会强调孝顺和慈爱；国家昏乱动荡，才会涌现出忠贞之臣。

老子这段话，充满了朴素的辩证法。任何事物，一定既要看它的正面，也要看它的反面，这样看问题才能全面。明白了这样的道理，我们遇到问题，就不会头痛医头、脚痛医脚，而会看看它的对立面。也许，把对立面的问题解决了，你想解决的问题就迎刃而解了。

十九 章

绝圣弃智，民利百倍；

绝仁弃义，民复孝慈。

绝巧弃利，盗贼无有。

此三言也，以为文未足，故令之有所属：

见素抱朴，少私而寡欲，绝学无忧。

○绝圣弃智：抛弃聪明巧智。○倍：甲本作"负"，假借。○巧：精巧之物，也指珍宝之物。○见（xiàn）素抱朴：呈现本真，秉守纯朴。○寡欲：减少欲望。○绝学：不学功利和机巧之类的学问。

走走走 溜鸟去 不与小人论短长

看似愚闲 绝圣弃智

一智斋王家春

杜绝和抛弃聪明巧智，老百姓就能获得百倍的好处。不去刻意崇尚仁义道德，老百姓就会重新恢复到天生的孝慈。不去看重珠宝货利，盗贼就不会出现。圣智、仁义、巧利，这三样东西，只是文饰装潢，不足以治理天下。所以需要告诉老百姓：去追求纯洁朴素的生活，减少私心，降低欲望。远离那些机巧、逐利的学问，这样的社会就没有什么忧患了。

回归道的本性，不人为地多加干涉，见素抱朴。让人们返璞归真，摒弃那些虚伪巧诈与外在的种种诱惑，不为外物所累，方能得到内心的安宁与幸福。

二十章

唯与诃，其相去几何？美与恶，其相去何若？

人之所畏，亦不可以不畏人。望呵，其未央哉！

众人熙熙，若飨于大牢，而春登台；

我泊焉未兆，若婴儿未咳。累呵，如无所归。

众人皆有余，我独遗，我愚人之心也，惷惷呵。

俗人昭昭，我独若昏呵；俗人察察，我独闷闷呵。

惚呵，其若海；恍呵，其若无所止。

众人皆有以，我独顽以俚。

我欲独异于人，而贵食母。

○唯：恭敬应答。○诃（hē）：斥责，呵斥。○何若：即若何，多少。○未央：没有尽头。○熙熙：甲本作"巸巸"，通假。○飨（xiǎng）：相聚宴饮。甲本作"乡"，通假。○大牢：古代牛、羊、豕三牲齐备，称大牢，也称"太牢"。○兆：甲本作"佻"，通假。○未咳（hái）：小儿啼笑。○遗：缺失，缺乏。通行本作"若遗"。○愚人：笨拙的人，自谦词。愚，甲本作"禺"，通假。○惷惷（chǔn）：愚笨、笨拙貌。通行本作"沌沌"。○俗：甲本作"䰱"，假借，下同。○察察：甲本作"蔡蔡"，通假。○惚：甲本作"勿"，通假，下同。○恍：甲本作"朢"，通假，下同。○俚：粗陋。甲本作"悝"，通假。

俗人昭昭 我独昏昏
是真喝多 还是假醉

一智之斋王家春写

060

恭敬应诺与大声呵斥，它们之间的差别有多大？美好与丑恶，它们之间的差距有多远？这些人人所敬畏的道理，不能不去敬畏。这些道理如广漠的大地一样，没有尽头。众人兴高采烈，好像享受丰盛的筵席，又像是在春天登上高台眺望美景。而我却独自淡泊宁静，没有动心的兆头，混混沌沌，好像一个还不会开口嬉笑的婴儿。同时，我又疲惫懒散，好像无处可以归依的浪子。众人都财富宽余，唯独我匮乏不足。我有一颗愚人的心啊，混沌无知。世俗的人都清楚明白，唯独我好像昏昏沉沉；世俗的人都精明算计，唯独我憨厚愚昧。沉静的样子，好像深沉的大海；飘逸的样子，好像没有止境。众人都目标明确、有所作为，唯独我愚顽不灵、粗陋不堪。我的追求总是和众人不一样，因为我看重的是固守本根，从道中汲取智慧，按道行事。

敢于说自己愚昧无知的人，往往并不是愚昧，相反却是大智者。一个貌似愚钝笨拙的人，没有世俗之人那般精明，不去追逐虚名，计较利害，与同类显得格格不入，却秉持大道。这不正是大智若愚吗？看似愚钝，其实是老子的大智慧。

二十一章

孔德之容，唯道是从。

道之物，唯恍唯惚。

惚呵恍呵，中有象呵；

恍呵惚呵，中有物呵；

幽呵冥呵，中有情呵。

其情甚真，其中有信。

自今及古，其名不去，以顺众父。

吾何以知众父之然，以此。

○孔德：大德之人。孔，大。○唯恍唯惚：恍惚，动静不定，若有若无。○幽呵冥呵：幽深杳冥，深不可测。冥，甲本作"鸣"，假借。○情呵：甲本作"请呵"。"请"通"情"，下同；通行本作"精"。呵，疑错。○众父：万物的初始。父，通行本作"甫"。

孔德之容 唯道是从

智盦王家春作

大德之人的一言一行，都是遵从道的规律的。道是什么东西呢？它似有似无。在恍恍惚惚中能看到万物的形象，在朦朦胧胧中感觉到万物的存在。在幽远渺茫中存在着可以让我们察知的实情。它呈现出来的情状真真切切，在其中给我们传递着万物的信息。从远古到现在，道永远存在着，依靠它可以了解万物的本原。我怎么知道万物的初始本源是什么样的呢？依靠的就是道。

我们看到的世间万事万物，它的形象、它的本质都存在于道中，同时它们不断给我们传递着大道存在的各种信息。我们通过研究万事万物的规律，可以接近道，而从另一方面，如果了解了道，也就容易认识万事万物发展的规律。

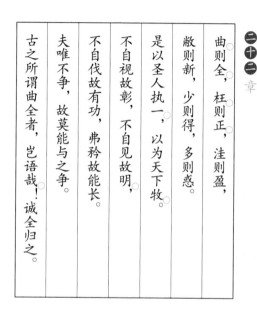

二十二章

曲则全，枉则正，洼则盈，

敝则新，少则得，多则惑。

是以圣人执一，以为天下牧。

不自视故彰，不自见故明，

不自伐故有功，弗矜故能长。

夫唯不争，故莫能与之争。

古之所谓曲全者，岂语哉！诚全归之。

○曲：委曲，曲折，宛转。○全：甲本作"金"，疑错，下同。○枉：不端正。○正：端正，不偏斜。甲本作"定"，通假。通行本作"直"。○执一：掌握根本之道。通行本作"抱一"。○牧：首领、领导，引导者。通行本作"式"。○彰、明：甲本分别作"明""章"，次序颠倒。"章"通"彰"，下同。○哉：甲本作"才"，假借，下同。

以其不争 天下莫能与之争
不与人斗 心中自有 清风明月

智慧堂 王家春

066

　　用委婉的方式做事，才能达到圆满的结果；善于弯曲的事物，才能不被折断而保持端正。低洼的地方水才能充盈，破旧的东西才会有人去更新，索取的少反而得到的多，索取的多反而会感到迷惑。所以圣人始终执守这个原则，用来治理天下。不执着于自己的眼光去看待事物，万物才得以彰显。不固守自己的成见去认知事物，真相才得以了然。不自我夸耀，踏实行事更容易成功。不骄傲自大，因此有谦虚之心而使人不断进步。正是因为不与人争，因此便没有人可与你相争。古人所说的"曲则全"这个道理，怎么会是虚话呢？若能诚心诚意地去实践它，就能够归于大道了。

　　很多人认为老子让人们委曲求全，进而进行指责批判，这只能说明理解力差，没有读懂老子。老子的"曲则全"，重点不在"曲"，而在"全"上，这是从哲学辩证法的高度进行的概括和描述。

希言自然。

飘风不终朝，暴雨不终日。孰为此？

天地而弗能久，又况于人乎！

故从事而道者同于道，

德者同于德，失者同于失。

同于德者，道亦德之；

同于失者，道亦失之。

○希言：少说话。希，少。○飘风：暴风，强风。○终朝：终日，持续一整天。终，甲本作"冬"，通假，下同。○暴雨：通行本作"骤雨"。○孰（shú）：疑问代词，谁。○失者：失道、失德之人。甲本作"者者"，疑错。

骤雨不终日 云上是晴空

天地尚不能久 而况于人乎

智慧堂主庚寅春写

少发号施令，是符合自然规律的。狂风不会刮一整天而不停，骤雨不能下一整日而不止。是谁主导和制造的狂风暴雨呢？天地都不能让暴风骤雨长久不停，又何况是人呢？所以，按道做事的人会符合大道，按德处事的人会增加美德，用失道失德的方式为人处世则会无道无德。有德之人，道也会给他恩泽；失德之人，道也会抛弃他。

在老子的眼中，人、社会、自然都是相通的，都与大道相连。所以老子的智慧，大可用到国家——治天下，下可用到个人——修身，中可用到家庭——齐家，当然也可以用到企业、学校、社区等社会组织。

二十四 章

企者不立。

自视者不彰，自见者不明，

自伐者无功，自矜者不长。

其在道，曰余食赘行。

物或恶之，故有裕者弗居。

○企：踮脚。甲本作"炊"，假借。○自视者：甲本为"自视"，疑漏字。○彰（zhāng）：鲜明，明显。○伐：自夸，吹嘘。○矜（jīn）：骄傲自大。○余食赘（zhuì）行：吃剩的食物，身上的赘疣。泛指多余的事物。行，通"形"，下同。○有裕者：此指对事理有通透认识的人。裕，甲本作"欲"，假借。通行本作"有道者"。

企者不立 跨者不行 有道者不处

智慧堂 王家春写之

踮起脚的人，难以站稳。执着于自己的眼光看待事物的人，往往看不清楚事物的本色。固守己见的人，往往难以分辨真相，不能明察是非。爱自我吹嘘炫耀的人，往往难以成就功业。骄傲自大的人，往往难以取得新的进步。这些种种表现，从道的角度来审视，就像吃了过量的饭食而长出的赘肉一样。大家都会厌恶它。所以通识明理的人，不会这样做。

为人处世，就要踏踏实实，一步一个脚印，同时需开阔眼界和胸怀，不可故步自封，如此人生之路才能走得长远，获得更大的成就。

二十五章

有物混成，先天地生。

萧呵寥呵，独立而不改，可以为天地母。

吾未知其名，字之曰道，吾强为之名曰大。

大曰逝，逝曰远，远曰反。

道大，天大，地大，王亦大。

国中有四大，而王居一焉。

人法地，地法天，天法道，道法自然。

○混成：浑然一体，自然生成，即事物自然形成和发展。混，甲本作"昆"，通假。○萧：无声。甲本作"繡"，通假。○寥：无形。甲本作"缪"，通假。○逝：往，行，不停息地运行。甲本作"筮"，假借。○国中：引申为宇宙之中。通行本作"域中"。国、或、域，先秦时三字通用。○四大：即上文所说的道、天、地、王。有学者认为"王"当为"人"。与本章末句四种事物相对应。

道法自然 緣到天成

智慧堂王家春題

橙琪中國畫

有一种东西浑然天成，它先于天地而生。人们听不见它的声音，看不到它的形状，独自存在而又永不改变，可以看作是造生天地万物的母体。我不知道它叫什么名字，勉强用一个字称呼它为"道"，勉强去描述它，叫作"大"。大到永远运行不到边，运行不到边就是无边无界，从无边无界中又返回到原点。道大，天大，地大，作为人君的王也大。宇宙之中这么大的东西有四个，而王只是其中之一。人效法于地，地效法于天，天效法于道，道效法于自然。

道、天、地、人，在这"四大"之中，人排在最后。道法自然，而人的最高境界，也是要效法自然。人若能做到效法自然，回归自己的纯真，以善良洁净的心去面对世界，方成大道。

二十六 章

重为轻根，静为躁君。

是以君子终日行，不离其辎重。

唯有阛馆，燕处则超若。

若何万乘之王，而以身轻于天下？

轻则失本，躁则失君。

○轻：甲本作"巠"，通假，下同。○静：甲本此处作"清"，通假。与其他不同。○躁：躁动不安。甲本作"趮"，通假，下同。○君子：有德之人，也指君王。通行本作"圣人"。○终：甲本作"众"，假借，下同。○离：甲本作"蓠"，通假。○辎（zī）重：古代指用车运输的兵器、粮草等物资。泛指行李。辎，甲本作"甾"，通假。○阛馆：集市附近的驿馆客栈。甲本作"环官"，通假。通行本作"荣观"。○燕处：安闲地生活。燕，古同"宴"，安闲。○超若：即超然，安然。超，甲本作"昭"，通假。通行本作"超然"。○万乘（shèng）：古代指天子。

重为轻根也

静为躁君 泰山崩于

前而色不变 智慧堂主家春作

稳重是轻浮的根基,宁静是躁动的主宰。所以君子外出超过一天,就会把后勤保障的车辆行李备好,随身而行。只有辎重随身,住有居所,出门在外才能舒适安然地起居。为什么那些拥有万乘之国的君主,反而以自身的轻率、轻浮来对待天下呢?轻率、轻浮,就会失去根基;躁动、妄行,就会失去主导。

　　做任何事,都要有备无患。沉稳冷静、从容不迫、切忌心浮气躁、慌乱无主。让稳重作为人生的根基,宁静作为人生的法则,大可治好国家,小可幸福家庭、个人。

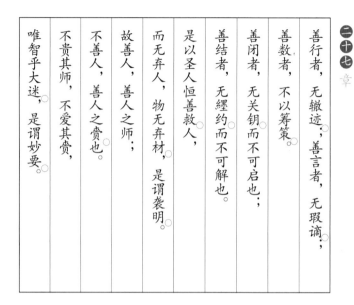

二十七章

善行者，无辙迹；善言者，无瑕谪；

善数者，不以筹策。

善闭者，无关钥而不可启也；

善结者，无繧约而不可解也。

是以圣人恒善救人，

而无弃人，物无弃材，是谓袭明。

故善人，善人之师；

不善人，善人之贲也。

不贵其师，不爱其贲，

唯智乎大迷，是谓妙要。

○辙迹：车轮的痕迹。○瑕谪（xiá zhé）：玉上的斑痕，引申为人的过失、缺点。谪，甲本作"适"，通假。○筹策：即竹码子，古代的一种计算工具。甲本作"梼筭"，通假。○关钥：门栓上的钥匙。钥，甲本作"籥"，通假。○繧（mò）约：类似于"觿（xī）"，古代一种解绳工具。繧，绳索；通行本作"绳"。○救：甲本作"怵"，通假。○材：甲本作"财"，通假。○袭明：内藏智慧而不显露。袭，掩藏，甲本作"愧"，假借。○贲（jī）：把东西送给别人。乙本、通行本作"资"。○迷：甲本作"眯"，通假。○妙要：玄妙之道。通行本作"要妙"。

圣人常善救人 故无弃人
用其所长 天下皆有用之人

智慧堂 王家春题

081

擅长出行的人，不会留下痕迹。擅长讲话的人，不会留下疏漏过失。擅长计算的人，不用借助计算工具。擅长锁门的人，不用钥匙别人是打不开的。擅长捆绑的人，没有解绳工具别人是解不开的。因此圣人总是善于帮助人提升其能力，也就没有无用之人。万物都能各得其用而不被遗弃，这便是承袭了大道的英明智慧。所以，有能力的人，可以成为没有能力的人的老师；没有能力的人，可成为有能力的人借鉴的教训。不重视老师的指导，不珍惜别人的教训，这样的人看似聪明，其实是蠢材、笨蛋。这便是玄妙道理的重要之处。

我们要向得道之人学习他们的经验，要向失败之人借鉴他们的教训，两者集合，就是道的智慧。

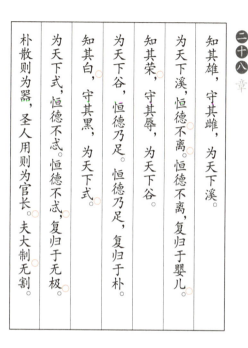

二十八章

知其雄，守其雌，为天下溪。

为天下溪，恒德不离。恒德不离，复归于婴儿。

知其荣，守其辱，为天下谷。

为天下谷，恒德乃足。恒德乃足，复归于朴。

知其白，守其黑，为天下式。

为天下式，恒德不忒。恒德不忒，复归于无极。

朴散则为器，圣人用则为官长。夫大制无割。

○恒德：永恒的规律、大道。○离：甲本作"鸡"，通假。○复归于婴儿：甲本作"复归婴儿"，疑漏字。○荣：甲本作"日"，假借。○知其白：甲本作"知其"，疑漏字。○式：原则，模式。○忒：变更或差错。甲本作"貣"，通假，下同。○无极：没有边界和尽头。○官长：古代一个部门的主管官吏。○大制：高明的制度或治理方式。

知其白 守其黑

心里清楚 看着糊涂

智慧灵堂 王家春写之

道

我知道雄壮是威武的，但我宁愿安守柔弱，成为低洼之处的小溪。能为低洼的小溪，大道就不会失去。大道没有丧失，我就能像婴儿般的纯真。我知道荣耀是高贵的，但我宁愿安守卑下的地位，就像空虚的山谷一样。成为空虚的山谷，大道就会充盈其间。大道得以充足，我就能复归于纯朴的境界。我知道明白事理是智慧的，但我宁愿安守暗昧无知，从而成为天下的范式。成为天下的范式，大道也就不会出现差错。大道没有差错，我就能回归于大道的原始混沌状态。自然生长的原木被分割开，可以做成不同的机巧器物。得道的人善于将纯朴和机巧结合，成为百姓的首领。所以，高明的统治是不会把质朴和智巧分割开的。

　　很多人认为老子的人生哲学是消极的，其实不然，老子的哲学处处充满着积极的人生态度。只不过这种积极是顺应大道而非与大道作对的莽撞的行为，它是表面看无为，深层次却在追求着大的作为。

二十九 章

将欲取天下而为之，吾见其弗得已。

夫天下，神器也，非可为者也。

为者败之，执者失之。

物或行或随，或嘘或吹，

或强或羸，或培或撝。

是以圣人去甚，去太，去奢。

○神器：神圣的器物，借指政权、社稷。○嘘：缓吹气。甲本作"炅"，假借。○羸（léi）：瘦弱。○培：培植，保护。甲本作"杯"，假借。○撝（wěi），抛弃，废弃。通行本作"隳"。
○太：极端。甲本作"大"，通假。通行本作"泰"。○奢：过度而没有节制。甲本作"楮"，通假。

圣人无为故无败 天下万物各有神性
按大道规律 生机勃勃

智慧堂 王家春写

打算得到天下后用强力去治理它，我看他得不到好的效果。天下社稷是有自己运行规则的"神器"，不能强行治理。强行治理，就会失败；任性支配，就会失去。因此，天下万物是多样的，有的在前行走，有的在后跟随；有的温和，有的急切；有的强健，有的瘦弱；有的保存，有的损毁。所以圣人（治理国家）就会摒除过分的、极端的、奢侈而没有节制的行为和方法。

避免走向过分的、极端的、没有节制的行为，这是人类必须要克服的。不能强行施力，而要顺其自然，根据万物各自的特点，顺势而为，方可符合大道。治理国家如此，管理家庭和个人同样如此。

三十章

以道佐人主，不以兵强于天下，其事好还。

师之所居，楚棘生之。

善者，果而已矣，毋以取强焉。

果而毋骄，果而勿矜，果而勿伐，

果而毋得已居，是谓果而不强。

物壮而老，是谓之不道，不道早已。

○佐：辅佐，协助。○人主：君王。○师：军队。○楚棘：即荆棘，带刺的丛生灌木。棘，甲本作"朸"，假借。此句之后，通行本另有两句："大军之后，必有凶年"。○不道：违背天道法则。○早已：早早消亡。早，甲本作"蚤"，假借，下同。已，终止，结束。

物壮则老 柔弱则生

智慧堂 王家春写之

　　以大道辅佐君王的人，不靠武力逞强于天下，靠武力容易受到报复。军队所到过的地方，杂草丛生、天地荒芜。善于用兵的人，只是为了解决危难，达到胜利的目的就行，并不会以兵力强大而逞强好胜。达到目的了不要自大，达到目的了不要自夸，达到目的了也不要自傲。达到目的只是不得已而为之，这就是通过战争达到目的而不逞强的表现。事物太过于强壮，就会走向衰朽，这叫不合乎大道，不合于道就会很快消亡。

　　万事万物都有个度，不及则亏，过之则衰，恰到好处才最好。为人处世，当追求的目标与他人形成竞争时，不是用低素质去强行战胜对手，而要提升自己内在的素质，而不是以低素质去强行战胜对手，这样才能持久地生存。

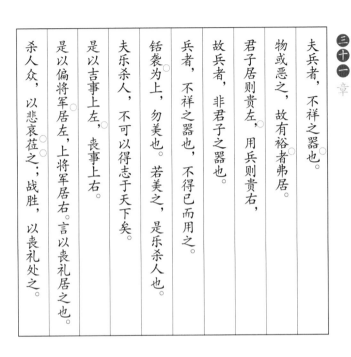

三十一章

夫兵者，不祥之器也。

物或恶之，故有裕者弗居。

君子居则贵左，用兵则贵右，

故兵者，非君子之器也。

兵者，不祥之器也，不得已而用之。

铦袭为上，勿美也。若美之，是乐杀人也。

夫乐杀人，不可以得志于天下矣。

是以吉事上左，丧事上右。

是以偏将军居左，上将军居右。言以丧礼居之也。

杀人众，以悲哀莅之；战胜，以丧礼处之。

○不祥之器：不吉利的工具，凶器。○裕：甲本作"欲"，假借。通行本作"道"。○贵左：古代论尊卑高下次序，以左为卑，以右为尊。○铦（xiān）袭：锋利便以攻杀。通行本作"恬淡"。○上左：以左为上位或尊位。○偏将军：即副将。偏，甲本作"便"，假借。○哀：甲本作"依"，通假。○莅：对待，应对。甲本作"立"，通假。通行本作"泣"。

夫佳兵者 不祥之器

让他三分何妨 看他如何逞强

智慧堂王家春写之

那些刀枪兵器呀，是不吉祥的东西，人们都很厌恶它。所以得道的人，不愿去使用它。君子平时起居通常以左为尊，而用兵打仗则以右为尊。因此，刀枪兵器不是君子所使用的东西。兵器是不祥之物，只有在不得已的情况下才会使用，它以锋利攻杀为上，但这并不值得称赞。如果称赞它，就是乐于杀人，而乐于杀人，是不能够取信、得志于天下的。所以办喜事以左为上，办丧事以右为上。作战打仗期间，偏将军居于左，上将军反而居于右，说明人们是用丧事的礼仪来对待战事的。杀人那么多，要以悲哀的心情来对待；打了胜仗，也要以丧事的仪式来处理。

对于国家来说，战争是带来灾难的东西，是迫不得已的手段，往往达到目的就行，适可而止。而对待战争的态度，我们也应如同处理丧事一样凝重严肃，即是胜利了，也不值得庆贺，如此我们才能敬畏生命。

三十二章

道恒无名，朴唯小，而天下弗敢臣。

侯王若能守之，万物将自宾。

天地相合，以雨甘露，

民莫之令而自均焉。

始制有名，名亦既有，

夫亦将知止，知止所以不殆。

譬道之在天下也，

犹小谷之与江海也。

○朴：未经雕琢的、本真的事物。引申为质朴、淳厚。甲本作"握"，疑错，可能是"楃"，通"朴"。○唯：虽然，尽管。通行本作"虽"。○臣：让其臣服。○自宾：自行归从。○合：甲本作"谷"，疑错。○雨（yù）：降雨，此处为动词。甲本作"俞"，假借。通行本作"降"。○甘露：指及时降临的雨露。露，甲本作"洛"，通假。○譬：比如。甲本作"俾"，假借。○小谷：小溪，河流。通行本作"川谷"。

知止可以不殆

"道"没有一个恒定的名字，质朴淳厚，虽然看不见摸不着，似乎幽深微小，但是普天之下没有谁能支配它。君王如果能够坚守住道，天下万物都将会主动归顺于他。天地之间，阴阳二气相合，就会降下雨露。没有人命令它，但它会自然而然地均匀分布着。天下开始治理，即有各种规制形成，有了规制，就要界定它的权限，不该管的不管，就可以避免危险。正如大道在天下的运行，就像溪流归纳于江海一样自然。

　　国家的产生必然需要一套完整的管理体制，制定出各种相关制度，但同时，这些制度必须有明确的界限，不能管得太细，学会知止，少些人为干预。万事万物按照大道自然的生长、成长，管理就不会犯什么大的错误。

知人者，智也；自知者，明也；

胜人者，有力也；自胜者，强也；

知足者，富也；强行者，有志也。

不失其所者，久也；

死而不亡者，寿也。

○自知：清楚自己的长处与不足。○自胜：超越自己，战胜自己原有的缺点。○强行：坚韧不拔地行动。○所：地方，住所。此处借指"道"。○亡：泯灭，消失，甲本作"忘"，通假。此句甲本疑漏"而"字。

知足者富 一枝梅花满屋春

智慧堂 王家春作之

能够了解和识别他人，是一种聪明；能够认识和看清自己，才是比聪明更高的智慧。能够战胜别人，说明很有力量；能够战胜自己，超越自我，才是真的强大。懂得知足的人，是一种富有；不怕困难、坚持行动的人，说明意志坚强。行为不失道之原则的人，可以活得平安长久；肉体死去而精神没有泯灭的人，才算是真正的长寿。

世界上最难的只有两件事：一是认识自己，二是战胜自己。真正认识自己了，就会不贪不骄、大智若愚、知足常乐。真正战胜自己了，就会精进奋发，不断完善自我。

道泛呵，其可左右也。

成功遂事，而弗名有也。

万物归焉而弗为主，则恒无欲也，可名于小。

万物归焉而弗为主，可名于大。

是以圣人之能成大也，

以其不为大也，故能成大。

○泛：大水漫流，淹没，此处借指道的特征。乙本作"沨"，通假。通行本作"氾"。○遂事：完成事业。○归焉：归从于它。焉，兼词，意同"于此"。○无欲：没有私欲。

101

太陽踐行大道 養育万物
而不恃功 故能成其大

智慧堂 王家春作

　　道是如此的广博深远啊，万物依赖它而生长，无所不在。生养万物取得了成就，也不会去占有功名。万物都来归附，道也不会去主宰它们。这是因为道从来都没有自己的私欲，我们可以称其为"小"。万物都来归附，而道不去主宰它们，我们可以称其为"大"。所以圣人能够成就伟大，是因为道从来都不会自以为大，反而成就了它的伟大。

　　大道无处不在，正是由于道的存在和庇护，万物得以自由生长，各显其能、各显其美。所有这一切，都是道的功劳，但它不居功、不主宰、不为大，这也是圣人、君子遵守的处世之道。

三十五章

执大象，天下往。

往而不害，安平太。

乐与饵，过客止。

故道之出言也，

曰淡呵，其无味也。

视之不足见也，

听之不足闻也，

用之不可既也。

○大象：大道之法象，无形之物。借指"道"。○往：前来归附。○安平太：安宁，太平，和乐。○乐与饵：乐于施与美食。一说为音乐与美食。○过客：路过的客人。客，甲本作"格"，通假。○出言：用语言表达出来。○淡：甲本作"谈"，通假。○既：完毕，结束。

道之出口 淡乎其无味

犹如山泉 淡其无味

爱者为宝

智慧堂王家春

哲理中国画

掌握了治理天下的大道，天下的人都会前来归附。一旦归附而来，大家便会互不相害，从而享受安宁、太平、幸福和乐的生活。美妙的音乐和香美的食物，可以吸引过往的行人停留。但是道却不同，它表达出来平平淡淡，甚至寡淡无味。看也看不见它，听也听不到它，用它却永远也用不完。

大道是什么呢？它只是平平淡淡、顺乎自然而已。朴实无华的大道，没有音乐的美妙，没有美食的诱惑，但其效果则是国泰民安、和睦幸福。这个大道就是因势利导，道法自然。

三十六章

将欲翕之，必姑张之；

将欲弱之，必姑强之；

将欲去之，必姑与之；

将欲夺之，必姑予之。

是谓微明。柔弱胜强。

鱼不可脱于渊，

邦利器不可以示人。

○翕（xī）：合拢，收敛。甲本作"拾"，乙本作"擒"，通假。○姑：姑且，暂且。甲本作"古"，通假，下同。通行本作"固"。○去：去除，废除。通行本作"废"。○与：援助，奖赏。通行本作"兴"。○予：给予，赠与。通行本作"与"。○邦：邦国，国家。通行本作"国之"。○利器：比喻为权柄，权力或军队。○示人：向人展示、炫耀。示，甲本作"视"，假借。

将欲夺之必固与之

智慧堂王家春写之

想要合拢一个东西，必须暂且把它打开才行。想要削弱对方，必须姑且让他逞强才行。想要除掉对方，必须暂且赞扬与奖赏，让其疯狂才行。想要夺取对方什么东西，必须赐予对方才行。这是个微不足道却显而易见的道理。柔弱可以胜过刚强。大鱼不能离开深水，国家的利器不可以随便耀示于人。

老子讲柔弱胜过刚强，讲的是智慧层面的大道，而不是具体的生活中的常识。柔弱胜过刚强，并不是硬碰硬地相对垒，而是智慧地去化解。深藏不露，不逞强好胜，不妄自尊大，不仅是国家层面的战术，也是人生的一大智慧。

三十七章

道恒无名。

侯王若能守之，万物将自化。

化而欲作，吾将镇之以无名之朴。

镇之以无名之朴，夫将不欲。

不欲以静，天地将自正。

○自化：自行化育生长。○镇：安定，维持安定。乙本作"阗"，通假。○无名之朴：质朴自然而难以描述的大道。○欲：沾染贪欲。甲本作"辱"，假借，下同。○自正：自行回归到安定。通行本作"自定"。

道恒无名 万物自化

生机勃勃 各显其美

智慧堂 王家春写之

哲理中国画

大道从来都没有确切固定的命名，不过君王如果能够坚守这个大道，天下万物都会自我发展、自我成长。天下万物在成长过程中萌生贪欲时，就要用朴实的大道来教育，让其安定。这样的话，也就不会再有贪欲存在了。没有了贪欲，人心就能保持宁静的状态，天下将自然复归于安定。

　　大道为万事万物提供自我发展的平台，让万物依靠自己的本性，自由而欢快地成长，形成一个欣欣向荣的世界。所以，智慧之人绝不违背自然规律办事，而是顺其自然，激发事物内在的动力，从而达到有所为的目的。

德篇

・

三十八章

上德不德，是以有德；下德不失德，是以无德。

上德无为，而无以为也；上仁为之，而无以

为也；上义为之，而有以为也；上礼为之，而无以

而莫之应也，则攘臂而扔之。

故失道而后德，失德而后仁，

失仁而后义，失义而后礼。

夫礼者，忠信之薄也，而乱之首也；

前识者，道之华也，而愚之首也。

是以大丈夫居其厚，而不居其薄；

居其实，而不居其华。故去彼取此。

○以为：作为。○攘臂：捋起袖子，露出胳臂，表示振奋。○扔：强行牵引。甲本作"乃"，通假，下同。○薄：薄弱、匮乏。乙本作"泊"，假借，下同。○华：好看的外表。○愚之首：愚蠢的开端。通行本作"愚之始"。○居其厚：立身敦厚。○而不居其华：甲本作"不居其华"，疑漏字。○彼：甲本作"皮"，假借，下同。

下德不失德　是以无德　固守外在的形式

只能吓唬一下田里的小鸟而已

智慧堂王家春题之

哲理中国画

115

德高之人从不主动展示自己的德行，所以才是真正的有德。德性不高之人，总是固守形式上的德行，所以并不是名副其实的德。德高之人貌似无所作为，总是顺其自然而为，不去刻意作为罢了。崇尚仁爱的人有所作为，而不主动表现而已。崇尚义气的人有所作为，总是乐于展示自己的作为。崇尚礼节的人有所作为，但跟随的人少，得不到回应，就扬起胳臂，强迫他人遵从。所以守不住大道，德开始得到推崇；失去了德，仁开始得到推崇；失去了仁，义开始得到推崇；失去了义，礼开始得到推崇。所以，礼节的产生，是忠信不足的表现，也是社会出现混乱的开始。注重前面礼制的人自认为有高见，其实是对大道的浮华态度的体现，追随它就是走向愚蠢的开始。所以，大丈夫处事，往往像道一样敦厚，不拘礼节和浅薄的外在；像道一样朴实，而不求礼数和虚饰的浮华。因此要舍弃虚荣浮华，坚守敦厚朴实。

　　天道行之于人类社会，其表现形式就是德。德是符合道之要义的行为法则。人如果能按照这样的行为处事，遵循内心自然的流露，敦厚老实，而不是追求表面的虚荣浮华，就会与大道相通，人生就会少走弯路，自在通达、安乐无虞。

三十九章

昔之得一者，天得一以清，地得一以宁，神得

一以灵，谷得一以盈，侯王得一而以为天下正。

其致之也：谓天毋已清，将恐裂；谓地毋已宁，

将恐发；谓神毋已灵，将恐歇；谓谷毋已盈，

将恐竭；谓侯王毋已贵以高，将恐蹶。

故必贵而以贱为本，必高矣而以下为基。

夫是以侯王自谓：孤、寡、不穀。

此其贱之本与！非也？故致数誉无誉。

是故不欲琭琭若玉，硌硌若石。

○一：此处引申为"道"。○灵：甲本作"䨄"，通假，下同。○天下正：正，太平。通
行本作"天下贞"。○毋已：通行本作"无以"。○裂：乙本作"莲"，假借。○竭：耗
尽，干枯。甲本作"渴"，通假，下同。○蹶（jué）：跌倒，引申为覆灭。乙本作"欮"，
通假，下同。○不穀（gǔ），不善，古代天子、王侯自称的谦词。○数誉：很多的赞美。
誉，甲本作"与"，假借，下同。○琭（lù）琭：形容稀少珍贵。乙本作"禄禄"，通假。
○硌硌（luò）：形容石头坚硬。通行本作"珞珞"。

117

贵以贱为本 高以下为基
别言山高你为峰 没有高山
你如何为峰

智慧堂 王家春写

118

从前得道的情况是什么呢？天得道而清明，地得道而安宁，神得道而灵动，河谷得道而充盈，侯王得道而天下太平。那么推而言之，假如天不能够清明，恐怕将要崩裂；地不能够安宁，恐怕将要荒芜；神不能够灵动，恐怕将要消失；河谷不能够充盈，恐怕将要枯竭；侯王不能够使天下太平，恐怕将要覆灭。所以，上层贵族是以平民百姓为基础，高贵是以低下为基础。因此侯王往往会自谦，以"孤""寡""不谷"作为自己的称呼，这不正是体现了以平民百姓为基础吗？所以想要获得太多的荣誉，反而容易失去名誉，所以不要做受人赞美的华丽宝石，而要做朴实无华的坚硬基石。

老子在这一章主要讲"道"，无非说明得道者吉、失道者凶。目的是告诫人们，高贵是建立在百姓的支持之上的，所以高贵的人不能忘了百姓，贵要以贱为本，这样才符合大道的规律。

四十 章

反也者，道之动也；

弱也者，道之用也。

天下之物生于有，

有生于无。

○反：朝着相反的状态。意如"物极必反"。○动：运行，运动。○弱：使弱化。○有：
指道深处万物的萌芽状态。

反者 道之动 莫愁老树千枯

小树已经发芽

智慧堂王家春写

事物循环往复的发展，是道运行的结果；柔弱的事物包含着强大的生命力是道在起作用的结果。天下万物产生于混沌初开时的萌芽状态，而这些萌芽状态，则产生于看不见、摸不着的无形之道。

智慧和愚蠢的区别，不在于谁能逃避这个规律，因为这个规律谁也逃避不了，而在于谁能把握这个规律。懂得了"物极必反"这个道理，一个人做事也就不会轻易走向极端。

四十一章

上士闻道，勤能行之；中士闻道，若存若亡；下士闻道，大笑之。弗笑，不足以为道。

是以建言有之曰：

明道如昧，进道如退，夷道如类。

上德如谷，大白如辱，广德如不足，

建德如偷，质真如渝。

大方无隅，大器免成，大音希声，大象无形。

道褒无名。夫唯道，善始且善成。

○勤：勤勉。乙本作"堇"，通假。○建言：立言，提出有益的意见。此指古语或古谚。○昧：暗昧，不明亮。乙本作"费"，假借。○夷：平坦。○类：通"戾"，曲折，不平。○建德：比喻德行光明磊落。○渝：改变，变质，不坚定。○隅：角落，靠边的地方。乙本作"禺"，通假。○免成：没什么用处。免，通行本作"晚"。○大象无形：乙本作"天象无刑"，疑错。形，乙本作"刑"，通假，下同。○褒：原意为衣襟宽大，引申为广盛。通行本作"隐"。○善始且善成：善始善终。通行本作"善贷且成"。

大音希声 只有静心去听 才能融入心中

道

德

哲理中国画

124

　　智慧之人听了道，会勤勉地践行它；普通的人听了道，会半信半疑；愚蠢的人听了道，只是哈哈大笑。如果不被愚蠢的人嘲笑，那就不足以称为道了。所以，关于道有一些古语是这样说的：前途光明的道路一开始总是昏暗阴沉。越懂得道，越是进取，越感到自己不足，像是在后退。没有危险的平坦之道往往感觉崎岖不平。有高尚品德的人，往往虚怀若谷。清白高洁的人，不会刻意隐藏自己身上的污点。德性宽广的人总是向他人学习，时常表现出自己的不足。德行光明磊落的人，时常表现得悄无声息；品质纯真的人，有时表面上会表现出自身也有缺点。最大的空间地域，永远找不到边界。最有价值的器物，往往表面显得没有什么用处。最美妙的音律，反而寂静无声。最高大的形象，往往没有具体的形状。宏伟的大道不追求自己的名声。只有这个道，善于孕育万物，并且使它们各有所成。

　　我们平常人的触角，感觉的都是当下；我们平常人的眼睛，看到的都是表面。而大道之行，往往高于我们日常的感知，是另一层面的智慧。

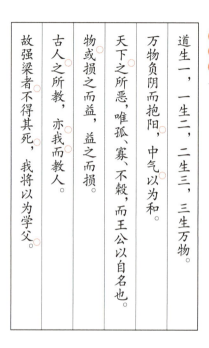

四十二 章

道生一，一生二，二生三，三生万物。

万物负阴而抱阳，中气以为和。

天下之所恶，唯孤、寡、不穀，而王公以自名也。

物或损之而益，益之而损。

古人之所教，亦我而教人。

故强梁者不得其死，我将以为学父。

○负阴而抱阳：万物蕴涵阴、阳两种相反相成之气。○中气：阴阳之气在融合中达到平衡。"中"，通行本作"冲"。○天下：指天下之人。通行本作"人"。○物：甲本作"勿"，通假。○古人：先辈，前人。古，甲本作"故"，通假。○亦：甲本作"夕"，通假。○我：甲本作"议"，通假。○强梁者：强横凶暴的人。梁，甲本作"良"，假借。○不得其死：甲本作"不得死"，疑漏字。○学父：即师父。通行本作"教父"。

物或损之而益　饭吃七分最好

智慧堂　王家春

从无形之道中，生出一股混沌未开的原始太极之气。太极之气运行时，又分化出阴、阳二气。阴、阳二气相互交合，产生出第三种新的事物状态。而后从这种新的事物状态中，逐渐衍生出自然界的天地万物，所以三生万物。万物由阴阳交合而成，所以万物蕴涵阴、阳两种相反相成之气，融汇阴阳于一体。阴阳二气上下涌动，在相互融合中产生出和谐平衡的状态。具体到人类社会，天下之人所厌恶的，无非是孤独、寡居、不美满，然而君王恰恰喜欢用"孤""寡""不谷"这些词来称呼自己。所以事物往往有两个方面，有时看似减损，其实是增益；有时看似增益，其实是在减损。先辈这样告诉我，我也同样告诉别人。强横霸道的人往往不得善终，这将是我告诉给你们的道理。

　　任何事物都存在着阴和阳两个方面，具体到我们的人生中，就是任何事物都有好坏两个方面，最理想的状态是阴阳平衡，和谐发展。

四十三 章

天下之至柔，

驰骋于天下之至坚。

无有入于无间。

吾是以知无为之有益也。

不言之教，无为之益，

天下希能及之矣。

○至柔：最柔软的东西。○驰骋：毫无阻挡地任意纵横出入。○至坚：最坚硬的东西。至，甲本作"致"，通假，下同。○无有：没有具体形象的东西。○无间：没有间隙的东西。○吾：甲本作"五"，通假。○及：比得上，做得到。

无有入无间
大缸已满 水仍能进

智慧堂 王家春

天下最柔弱的事物，能够穿行于最坚硬的事物之中。无形之物可以穿入没有间隙的事物。我因此明白了不刻意作为的好处。进行无言的教化，深知无为的益处，天下没有几个人能做到呀。

　　世人大多看到强硬之物的表面优势，不知道最后胜利的，其实都是善于运用以柔克刚的智者。身教胜于言教，顺势而为往往会事半功倍，何不马上践行呢？

名与身孰亲？

身与货孰多？

得与亡孰病？

甚爱必大费，多藏必厚亡。

故知足不辱，知止不殆，

可以长久。

○孰：谁，哪个。用在反问句中，有比较之意。○病：担忧；损害。○大费：耗费巨大的代价。○亡：丢失，丧失。此句竹简本作"厚藏必多失"。○殆：困乏；危险。

身与货孰多　财与食孰重

智慧堂　王家春作

名声与身体，哪一个更值得珍爱？身体和财物，哪一个对你更重要？追求名利和丢掉性命，哪一个让你更担忧？过分地沉溺于名声，必然会使人耗费巨大的代价；过多地蓄藏财物，必然会招致惨重的损失。懂得满足的人，也就不会因贪求受到羞辱；懂得适可而止的人，往往不会遇到大的危险。这样才能长久地平安生活。

　　所有的名利，与生命相比，都不可并论。一切以生命健康为代价的名利追求，都是舍本逐末。名誉和钱财，人不可能不去追求。名誉是精神的愉悦，钱财是生活的保障，但要顺势而为，得之有道，享之有据。

四十五章

大成若缺，其用不敝；

大盈若盅，其用不穷。

大直如诎，大巧如拙，大赢如绌。

躁胜寒，静胜热，

清静可以为天下正。

○大成：最完善、最圆满的事物。○敝：衰竭，停止。甲本作"币"，假借。通行本作"弊"。
○盅：本意为器皿中心空虚处，引申为虚空。与"盈"相对。○诎（qū）：弯曲，通行本
作"屈"。○绌（chù）：亏损，短缩。甲本作"炪"，假借。○静：甲本作"靓"，假借，
下同。○热：甲本作"炅"，通假。○清：甲本作"请"，通假，下同。

躁胜寒 静胜热

到日当空照
心静自然凉

智慧堂王家春

　　最圆满的东西表现出有所欠缺的样子，因此它的作用永远不会衰竭。大道充盈于天地之间，却往往表现出虚空的状态，因此它的作用永远不会穷尽。最正直的人并不直来直去，说话做事往往委婉迂回；最灵巧的人并不处处显摆炫耀，往往显得朴实纯真；最大的盈余好像不足一样。运动可以战胜寒冷，清静可以抵挡燥热。清静无为可以使天下太平安定。

　　普通人看到的往往是事物的表象，而有智慧的人看到的是事物的本质。表象和本质，往往表现得不一致。那些表面上看似消极的事物，往往却充满着积极的能量。

四十六章

天下有道，却走马以粪；

天下无道，戎马生于郊。

罪莫大于可欲，

祸莫大于不知足，

咎莫憯于欲得。

故知足之足，恒足矣。

○却：返还。○走马：善于奔跑的马，借指战马。○粪：施粪肥，这里指耕田。○戎马：即
战马，军马。戎，兵器。○可欲：足以引起欲念的事物。通行本作"欲得"。○憯（cǎn）：
惨痛，严酷。

人家骑马咱骑驴 后面还有挑担的

知足之足 常足矣

智慧堂 王家春作 五

　　天下符合大道则会出现太平盛世，战马都会退役用于农田耕作。天下运行违背大道则导致战乱，连母马都会被驱使到战场，把马驹生在郊外。最大的罪恶，莫过于放纵欲望。最大的灾祸，莫过于不知满足。最惨痛的不幸，莫过于贪得无厌。所以把知足当成一种满足，人生就会因满足而一直快乐。

　　不知满足的贪婪造就了战争，同时也酿造了人世的灾祸和不幸。所以，不知满足和贪得无厌是幸福人生的两个大敌。只有以知足作为满足，人生才能平平安安，并且常常因知足而感到心安，心安是大福。

四十七 章

不出于户，以知天下；

不窥于牖，以知天道。

其出也弥远，其知也弥少。

是以圣人不行而知，

不见而明，弗为而成。

○窥：从孔隙或隐蔽处偷看。甲本作"规"，通假。○弥：更加，越发。○其知也：甲本作"其知"，据文言句式，疑漏"也"。○明：洞明，能够看清事物。乙本作"名"，假借。

不出户 知天下 身居隆中茅庐 而知天下大事

142

不出家门，就能知道天下的各种大事。不用看窗外，就能知晓自然界的规律。越是刻意向外探寻，其真知灼见反而越少。所以，圣人不用出行，就能知晓天下之事；不用亲眼观察，就能洞悉自然规律；不用刻意作为，就能成就大事。

　　天下万事万物的发生、发展和结束，无不符合大道。所以圣人依道而行，守住自己的内心，不会盲目向外追求，从而让内心保持清净澄明，心与道融为一体，自然会不出门而知天下。

释义

四十八 章

为学者日益，闻道者日损。

损之又损，以至于无为，无为而无以为。

取天下也，恒无事；

及其有事也，不足以取天下。

○为学：追求学问。○益：增长。○闻道：即习道，依从道的规律。通行本作"为道"。○损：减少，减弱。乙本作"云"，假借，下同。○无以为：通行本作"无不为"。○有事：惹事，妄生事端。

为学日益 为道日损

智慧堂 王家春题之

145

追求学问的人，积累的知识会一天比一天增多；追求大道的人，欲望会一天比一天减少。不断地减少再减少，最后达到了清心寡欲的无为境界，不刻意作为，顺应了发展的规律，便没有什么事是做不成的。就像治理天下，最好的办法就是让百姓自由发展，少给百姓添加麻烦。如果经常妄为生事，扰民乱民，是不会治理好天下的。

追求大道，就要在增加知识的同时，修好自己的心，知识越多，越要顺应大道，不能刻意妄为，这样的知识才是有益的知识。那些自持有点知识，就与天斗与地斗的人，与大道不符，结果只能是栽跟头。

四十九 章

圣人恒无心，以百姓之心为心。

善者善之，不善者亦善之，德善也；

信者信之，不信者亦信之，德信也。

圣人之在天下，惵惵焉，为天下浑心。

百姓皆属耳目焉，圣人皆孩之。

○无心：没有私心。○惵（xī）惵：和谐，融洽，无所偏执。通行本作"歙歙"。○浑心：使人心浑朴。○属（zhǔ）：同"瞩"，凝注，关注。通行本作"注"。

147

百姓皆注其耳目 圣人皆孩之

智慧堂王家春作之

哲理中国画

148

圣人从来都没有自己的私心，而是以百姓的心愿为自己的心愿。对于善良的百姓，圣人用善良的方式对待他；对于不善良的百姓，圣人也同样用善良的方式对待他，这样可以引导天下的人们人人向善。对于诚信之人，圣人以诚信对待他；对于无信之人，圣人也同样以诚信对待他，这样可以引导天下的人们人人诚信。圣人治理天下，总是无所偏执，以和谐融洽的方式，引导天下人心归于浑厚淳朴。天下百姓总是关注眼睛看到的、耳朵听到的外在欲望，而圣人总是像婴儿般纯朴天真。

一个人想要幸福快乐，就要向婴儿学习天真纯朴，减少对外在物欲的追求，寻求内心的宁静，方能像圣人一样悟出大道的真谛。老子讲圣人治理天下的道理，也是在讲养生的道理。其实人本身就是一个小宇宙、小天下，只要按道行事，自然会和谐长久。

五十章

出生入死。生之徒十有三，死之徒十有三。

而民生生，动皆之死地之十有三。

夫何故也？以其生生也。

盖闻善摄生者，陵行不避兕虎，入军不被甲兵

兕无所投其角，虎无所措其爪，兵无所容其刃。

夫何故也？以其无死地焉。

○摄生：养生。摄，甲本作"执"，假借，下同。○陵行：行走在山中。通行本作"陆行"。
○避：避开，躲避。乙本作"辟"，通假，下同。○兕（sì）：古指雌犀牛。甲本作"矢"，
假借，下同。○被（pī）：意同"披"，覆盖，披戴。○甲兵：盔甲兵器。○投：撞迎。
甲本作"揣"，假借。○措：施行，使用。甲本作"昔"，通假。○爪：甲本作"蚤"，
假借，下同。

150

出生入死 君子不立于危墙之下

智慧堂 王家春博士

151

走出危险之地则生，进入危险之地则死。健康长寿的人占十分之三，夭折早亡的人占十分之三。本来可以长寿，却因妄为而走向死地的人，也占十分之三。这是为什么呢？是因为太过于贪图外在的享受了。听说善于养护生命的人，在山间行走不用避让犀牛老虎，在战场上参战不用披戴盔甲装备；犀牛没法使用它的尖角，老虎没法使用自己的利爪，士兵没机会使用自己的兵刃。这是为什么呢？因为他远离危险的地方。

人生的危险之地处处皆有，比如恣情纵欲、贪色好酒、追名逐利、贪图享受等等。如何远离危险之地？恬淡无为、清心寡欲、善良圆通，以这样的人生态度处世，自然会平安长寿。

道生之而德畜之，物形之而器成之，

是以万物尊道而贵德。

道之尊，德之贵也，

夫莫之爵，而恒自然也。

道生之畜之，长之育之，

亭之毒之，养之覆之。

生而弗有也，为而弗恃也，

长而弗宰也，此之谓玄德。

○畜：通"蓄"，蓄养，养育。○器：通行本作"势"。○育：甲本作"遂"，假借。○亭：培育。一说通"成"。○毒：通"督"，促进，治理。一说通"熟"。○覆：荫庇，庇护。乙本作"复"，通假。○恃：甲本作"寺"，通假。○宰：主宰。○玄德：潜隐不显的大德。

道生而不有　养育万物而不居功
为而不恃

智慧堂王家春画之

154

大道孕生了万物，大德养育了万物；万物发展呈现出各种形态，并按照各自内在的动力不断成长。所以万物没有不尊崇大道和崇尚大德的。道之所以被尊崇，德所以被崇尚，不是因为有发号指令的爵位，而是因为道从来都是让万物自然运行的。因此大道孕生万物，大德养育万物，它们使万物生长发育、茁壮成熟、促进繁盛，并且养护它们、庇护它们。孕生万物而不占有，养育万物而不居功，生长了万物而不主宰，这就是最高层次的德。

　　万事万物产生以后，存在一个自我生长、自我发展的过程。这个过程中，如果符合大道的规律，就是德。所以德是道的另一种表现形式，是大道在具体事物和行为中的表现，在德的引导下，依德行事，一定会符合大道，取得成功。

五十二章

天下有始，以为天下母。

既得其母，以知其子。

既知其子，复守其母，没身不殆。

塞其兑，闭其门，终身不勤；

启其闷，济其事，终身不棘。

见小曰明，守柔曰强。

用其光，复归其明。

毋遗身殃，是谓袭常。

○既知其子：甲本无此句，疑漏句。○兑：意为口，穴，引申为欲望。乙本作"垸"，通假。
○勤：劳累，劳苦。甲本作"堇"，通假。○闷：密闭，堵塞。通行本作"兑"。○棘（jí）：
针形的刺，引申为艰难、麻烦。通行本作"救"。○殃：损害，伤害。甲本作"央"，通假。
○袭常：遵循常道。通行本作"习常"。

156

見小曰明　守柔曰強

智慧堂 王家春作之

天下万物都有一个共同的本源，就是道。道是孕育天下万物的母体。掌握了这个本源，就能认识天下万物的特性。认识了天下万物，我们就要坚守它们的本源，这样终身就不会有危险。塞住欲望之口，关闭欲望之门，终身不会有疾苦。打开欲望的口子，增加各种纷杂的事务，终身不会脱离麻烦。善于发现细微之处，叫作明察；善于持守住柔弱的姿态，才是坚强。用大道的光芒照亮自己，使自己复归心境澄明的境界，就不会给自己带来祸端，这就是遵循了大道的规律。

　　人的一生应该干大事、创大业，其本质是为社会做贡献，而不是为了满足自己的私心欲望。如果站在这样的境界，就会做出大的作为，而不会有生命的危险。

五十三章

使我挈有知：

行于大道，唯迤是畏。

大道甚夷，民甚好径。

朝甚除，田甚芜，仓甚虚。

服文采，带利剑，厌饮食，

而贵财有余，是谓盗竽，非道也哉！

○挈（qiè）：掌握，持握。通行本作"介然"。 ○迤（yǐ）：同"迤"。本义为地势斜着延伸，此指邪径。通行本作"施"。 ○径：指小路，捷径。甲本作"解"，假借。 ○除：荒废，败坏。 ○厌：同"餍"，吃饱，满足。 ○贵财：资产财物。通行本作"财货"。 ○盗竽：即盗魁，盗贼的首领。通行本作"盗夸"。

159

大道甚夷
而民好徑

智慧堂王家春作

160

　　假使我掌握了智慧，行走在大道上，唯一担心的是不小心走入那些曲折隐蔽的偏邪小径。大路是那么平坦安全，可人们总爱走那些歪门邪道的捷径。朝政非常腐败，田地荒芜，粮仓空虚。但是那些王公贵族照样穿着华美的衣服，佩戴着锋利的宝剑，享受饱足精致的美食，积蓄的钱财货物多到用不完，这简直可以称得上是盗魁贼首。这完全是违背大道的啊！

　　大道是什么？大道首先要合乎常理。那些不按规律办事，企图投机取巧，寻求歪门捷径的人或行为，是不会有什么好结果的。

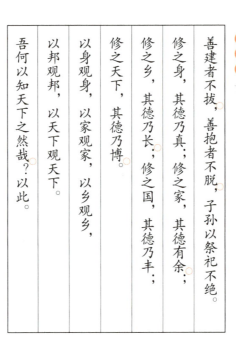

善建者不拔，善抱者不脱，子孙以祭祀不绝。

修之身，其德乃真；修之家，其德有余；

修之乡，其德乃长；修之国，其德乃丰；

修之天下，其德乃博。

以身观身，以家观家，以乡观乡，

以邦观邦，以天下观天下。

吾何以知天下之然哉？以此。

五十四章

○拔：移除，改变。○脱：脱离，掉落。○有余：通行本作"乃余"。○长：兴盛。
○博：博大。通行本作"普"。○哉：乙本作"兹"，假借。

修道于身其德乃真修道于家其德乃余

智慧堂王家春写

163

善于修为大道的人信念不会改变，善于守持大道的人行为不会偏差。这样的人平平安安，子子孙孙会绵延不断。用道来修持自身，他就具备了真实的德行。用道来管理家庭，就会惠及乡邻、德庆有余。用道来修持乡里，就会民风淳朴、源远流长。用道来治理国家，会国富民强、国家兴旺。用道来普惠天下万物，会天下太平，普天同庆。所以，以道着眼于身，则能察知自身的运行；着眼于家，则能察知家族的运行；着眼于乡，则能察知乡里的运行；着眼于国家，则能察知国家的运行；着眼于天下，则能察知天下万物的运行。我是怎么知道天下万物是好是坏呢？用的就是这个办法。

对于大道，我们要做到的，一是主动修为，二是守持不变。按道的规律行事，做到这些，就会远离祸端、平平安安，子孙才能繁荣昌盛。

五十五章

含德之厚者，比于赤子。

蜂虿虺蛇弗螫，攫鸟猛兽弗搏。

骨弱筋柔而握固，

未知牝牡之会而朘怒，精之至也；

终日号而不嗄，和之至也。

知和曰常，知常曰明，

益生曰祥，心使气曰强。

物壮即老，谓之不道，不道早已。

○赤子：刚出生的婴儿。○蜂：甲本作"逢"，通假。○虿(chài)：古指蝎类毒虫。甲本作"蝲"。○虺（huī）蛇：古指一种毒蛇。甲本作"螾蛇"，蛇，疑错。○攫鸟：善于捕捉的猛禽。○牝牡：雌雄动物。○朘(zuī)：男婴的生殖器。会而朘怒，通行本作"合而全作"。○嗄(yōu)：气逆。通行本作"嗄"。○知和：甲本作"和"，疑漏字。○知常：甲本作"知和"，疑错字。○益生：过度贪生享乐。○祥：古指妖异、凶险。

165

心使气曰强 身随之遭殃

智慧堂 王家春作之

166

那些道德修养深厚的人，就像纯真无邪的婴儿一样。蛇蝎毒虫不去叮咬他，恶鸟猛兽不去袭击他。婴儿筋骨很柔弱，但是小手却握得很紧。还不知道男女交合之事，但小生殖器却很坚挺，这是因为精气充盈的缘故。他整日号啕啼哭，却不会引起气逆，这是因为阴阳二气柔和平顺的缘故。明白了阴阳和谐就知道了事物发展的规律，懂得了事物发展的规律就会明察一切。那些过度享乐贪生的人其实暗藏凶险。那些用欲望支配精气的人其实是好胜逞强的。事物一旦过于壮盛，就会开始转向衰老。过于壮盛是不合于道的，不合于道就会早早消亡。

老子养生，讲究的是自然，无为、贵柔、不争。清净而无为，不为外界诱惑而动心，自然会气血畅通、心底澄明，百病自会远离。

五十六章

知者弗言，言者弗知。

塞其闷，闭其门；

和其光，同其尘；

锉其锐，解其纷。是谓玄同。

故不可得而亲，亦不可得而疏；

不可得而利，亦不可得而害；

不可得而贵，亦不可得而贱。

故为天下贵。

○知者：智慧的人。知，同"智"，下同。○闷：密闭。通行本作"兑"。○尘：尘俗，指民风习俗。○锉：甲本作"坐"，通假。○锐：甲本作"阅"，通假。○玄同：与道混同合一。○贱：甲本作"浅"，通假。

168

知者不言 言者不知

爱高谈阔论者大多只是吱吱叫的小鸟

智慧堂 王家春写

有智慧的人，往往不会随意发表言论；随意发表言论的人，往往是不够智慧的。堵住欲望的口，关闭欲望的门户，收敛耀眼的光芒，混同于尘俗，消磨掉外露的锋芒，解除掉内心的纷扰。这种境界就达到了与玄妙的大道保持一致。因此，达到这种境界的人，既不会被亲近，也不会被疏远；既不会因它而获得私利，也不会因它而受到伤害；既不会因它而变得尊贵，也不会因它而变得低贱。这样的人无私心，以百姓心为心，所以为天下人所敬重。

真正有智慧的人都是深藏不露的，因为他们达到了很高的境界，不会去表现自己而谋求虚名的满足。同时，他们也不为外在的世事困扰，更容易专一于自己的事业。

以正治邦，以奇用兵，以无事取天下。

吾何以知其然也哉？

夫天下多忌讳，而民弥贫；

民多利器，而邦家滋昏；

人多智巧，而奇物滋起；

法物滋彰，而盗贼多有。

是以圣人之言曰：

我无为而民自化，我好静而民自正，

我无事而民自富，我欲不欲而民自朴。

○治：治理。甲本作"之"，假借。 ○奇：奇诡莫测。甲本作"畸"，通假。利器：借指权谋智巧。 ○滋昏：滋生混乱。滋，甲本作"兹"，通假，下同。 ○智巧：聪明伎俩。甲本作"知"，疑漏字。 ○奇物：比喻怪事。奇，甲本作"何"，疑错。 ○滋起：滋生泛滥。 ○法物：通行本作"法令"。 ○滋彰：指条文繁多。 ○而：甲本疑漏此字。

以正治國以奇用兵

　　用光明正大的方法治理国家，用出奇制胜的计谋用兵作战，用不扰民的无为之道治理天下。我怎么知道这样好呢？根据以下方面：天下的禁令越多，百姓就越容易贫困。民间的权谋智巧越多，国家就越容易混乱。民众的聪明机巧越多，天下越容易出现妖事怪事。国家的法令条规越是繁多，各种盗贼犯事越是频繁增加。所以得道的圣人才说：我不去刻意作为，百姓自会发展提升。我清净无欲，百姓自会心地纯正。我不妄为生事扰民，百姓自会繁荣富足。我不贪图荣华，百姓自然会淳朴厚道。

　　任何事物都有两面：治理国家需要用符合大道的光明正大的办法，但用兵打仗则需要出奇制胜。如果用用兵之道来治理国家，必然会使盗贼丛生、国家混乱。不要过多地干涉滋扰百姓，社会就会自行向好的方向发展。

其政闵闵，其民忳忳；

其政察察，其民狭狭。

祸，福之所倚；福，祸之所伏。

孰知其极？其无正也。

正复为奇，善复为妖。

人之迷也，其日固久矣。

是以方而不割，廉而不刺，

直而不肆，光而不燿。

○闵闵（mǐn）：怜悯爱恤。乙本作"阆阆"，通假。通行本作"闷闷"。○忳忳（dùn）：淳朴无知。乙本作"屯屯"，通假。通行本作"惇惇"。○察察：苛刻严厉的样子。○民：甲本作"邦"，疑错。○狭狭（jué）：狡猾诡诈。甲本作"夬夬"，通假。通行本作"缺缺"。○妖：邪恶，异于常态而害人的东西。○廉：品行刚直。乙本作"兼"，通假。○刺：指责、数落别人。通行本作"刿"。○肆：任性放肆。乙本作"绁"，假借。○燿（yào）：照耀，耀眼。乙本作"眺"，假借。

禍兮福之所倚

塞翁失马焉知非福

智慧堂 王家春作之

哲理中国画

　　政治仁慈宽厚，人民就淳朴善良；政治苛刻严厉，人民就会狡诈凶恶。灾祸的背后往往暗藏着福幸，福幸的背后往往埋伏着灾祸。两者互相转化，互相依存。到底是福还是祸？实在没有一个标准的答案。原本正常的事物，突然就变成了畸形；原本是善良的，突然又变成了邪恶。人们总是迷惑其中，这种情形自古至今已经好久了。因此圣人处世方正但不妨害他人，廉洁刚直但不要苛刻别人，为人直率但不任性放肆，荣耀显赫但不显摆刺眼。

　　世间的祸福不是固定的，它们相互依存，在一定的条件下又会互相转化。智慧的人懂得其中的玄机，往往适可而止，对事物不刻意而为，为人处世只求一个恰到好处，而不求充盈极端，往往就是人生最完美的结局。

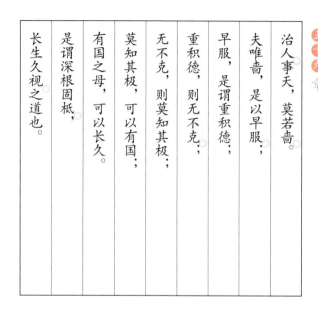

五十九 章

治人事天，莫若啬。

夫唯啬，是以早服；

早服，是谓重积德；

重积德，则无不克；

无不克，则莫知其极；

莫知其极，可以有国；

有国之母，可以长久。

是谓深根固柢，

长生久视之道也。

○治人：治理国家。○啬（sè）：节俭，节约，珍惜精力。○早服：早作准备。○克：胜任。

○柢（dǐ）：树根，引申为基础。甲本作"氐"，通假。○久视：不老，耳目不衰。

治人事天莫若啬 静坐闭目养精神

智慧堂 王家春作之

　　治理国家、敬奉天道，最好的办法就是节约资源和精力，注重保养元气。只有善于节约，保存实力而不妄为，才能真正遇事早做打算、早做准备。能够遇到问题早做打算，就是符合大道的善德。符合大道的善德，就没有什么是不能胜任的。没有什么不能胜任，他人也就摸不透他的能力有多大。这些能力强大的圣人，就可以去治理国家。有了节俭这个治理国家的根基，国家治理就会长久。这就叫深根固蒂，是国家长治久安、长生不衰的大道。

　　凡事预则立，不预则废，而"预"的最好办法就是珍惜和保存自己的元气。因此，做任何事，要量力而行，不可伤己元气，方能有所长久。否则，取得的所有成就，在生命的休止符中，都会归于零。

治大国，若烹小鲜。

以道莅天下，其鬼不神。

非其鬼不神也，其神不伤人也。

非其神不伤人也，圣人亦弗伤也。

夫两不相伤，故德交归焉。

○烹：烧煮。甲本作"亨"，通假。○小鲜：小鱼。○莅：察视，治理，管理。乙本作"立"，假借。○神：灵验。○非其神：神，甲本作"申"，疑错。○伤：侵害。○交归：互相融合。

治大国若烹小鲜

智慧掌 壬寅春心之

治理大国，要像烹煎小鱼一样，不能过多翻动。用大道来治理天下，鬼神也都没有了威力。不是鬼神没有威力，是它们的威力伤害不了人。非但鬼神伤害不了人，治理国家的君主也不会伤害人。鬼神与君主两者都不伤害百姓，和谐相处，这就是大道的德相互转化之而让百姓享受到德的恩泽呀！

治理国家的根本在于守静，不扰民，不能朝令夕改，不能律令过多让人无所适从。最好的管理，就是制定一个激发人内在正能量的规则，使人们自发而为，人人向上向善，和谐相处、共同发展，整个天下趋于大同。

六十一章

大邦者下流也，天下之牝，天下之交也。

牝恒以静胜牡，为其静也，故宜为下。

大邦以下小邦，则取小邦；

小邦以下大邦，则取于大邦。

故或下以取，或下而取。

故大邦者，不过欲兼畜人；

小邦者，不过欲入事人。

夫皆得其欲，则大者宜为下。

○下流：下游，下位。低凹之处。○交：聚集，交汇的地方。甲本作"郊"，通假。○兼畜：兼并，吞并，使归顺。○入事：侍奉，比喻求得庇护。

大国者下流 天下之交
强者礼让弱者 众士归之

智慧堂王家瑞春写之

哲理中国画

184

大国要像江河一样甘居下游的位置，那是万物孕育萌生的地方，是天下万物聚集的地方。雌性总是用静柔来降伏雄性的躁强，就是因为她们甘居静柔，所以适宜处于下位。大国以谦让的态度对待小国，就能得到小国的拥护。小国以谦让的态度对待大国，就能得到大国的保护。因此，有的大国因居下而受到了拥护，有的小国因居下而受到了保护。所以，作为大国不过是想让小国归顺自己，作为小国不过是想找个靠山依附。双方都能得偿所愿，各得其所，在这种关系中，大国更应有谦让居下的姿态。

　　治国如此，做人也是这个道理，海纳百川，甘居人后，一个拥有如此胸怀的人，不仅不会欺负弱小，还会以谦恭礼让的态度给予帮扶，这样的人终究会成就一番大的事业。

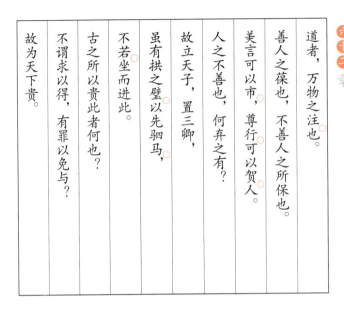

六十二章

道者，万物之注也。

善人之葆也，不善人之所保也。

美言可以市，尊行可以贺人。

人之不善也，何弃之有？

故立天子，置三卿，

虽有拱之璧以先驷马，

不若坐而进此。

古之所以贵此者何也？

不谓求以得，有罪以免与？

故为天下贵。

○注：通"主"，主宰之意。通行本作"奥"。○市：获益。○尊行：高尚的行为。○贺：嘉奖，犒劳。通行本作"加"。○拱之璧：即拱抱之璧，意为需要两手相抱的大璧。拱，甲本作"共"，通假。○驷（sì）马：四马并驾的马车，古代君王所乘。驷，甲本作"四"，通假。○若：甲本作"善"，疑错。

186

美言可以市　尊行可以加人

智慧堂　王家春

哲理中国画

187

　　大道是天地万物的主宰，是得道者守护的对象，也是不得道者祈求保全自身的东西。赞美的话语可以用于人际交往，高尚的行为可以用来施惠于人。那么，对于不善之人，又何必抛弃他们呢？所以，天下立君王，设置王公大臣职位，与其向君王进献宝玉骏马，不如将"大道"作为礼物进献给君王。古时候为什么会如此重视道呢？不正是说有求之人可以得到满足，有罪之人可以得到改邪归正吗？所以道才为天下人所珍重。

　　道是什么？道是清净无为的，道也是力量强大的。道不刻意去干扰万物的成长、发展，但同时万物的成长、发展，其背后的力量也正是道的发展规律。道成就了一切，又不干扰一切，这就是无所不能的道。

六十三 章

为无为，事无事，味无味。

大小，多少，报怨以德。

图难乎其易也，为大乎其细也。

天下之难作于易，天下之大作于细。

是以圣人终不为大，故能成其大。

夫轻诺必寡信，多易必多难。

是以圣人犹难之，故终于无难。

○无事：通过不去干扰的方式。○无味：恬淡、淡泊的态度。仅此一处"味"甲本作"未"，通假。○报怨以德：用德行应对怨恨。○图：谋划，筹划。○轻诺：轻率承诺。诺，乙本作"若"，通假。○寡信：缺少信用。

189

以自然无为的态度有所作为，用不搅扰滋事的方法做事，以恬淡宁静的态度去品味人生。大从小做起，多从少积累，怨以德报之。解决困难要从容易处入手，做大事要从细微小事入手。天下的难事，必定从容易之事做起；天下的大事，必定从细微的小事做起。所以圣人从来不贪图做大事，而是不断地解决小事，最终反而能成就大事。那些轻易许诺的人，必定缺少信用；那些经常把事情看得太容易的人，必然会碰到很多困难。所以，圣人总是把事情看得很难，努力从小处一点点做起，到最后反而没有了困难。

老子用智慧的方法论告诉我们，人要有所作为，但不能刻意为之。人要成就事业，但要顺其自然。人要品味人生，但要知道，恬淡无味对人生最有益处。

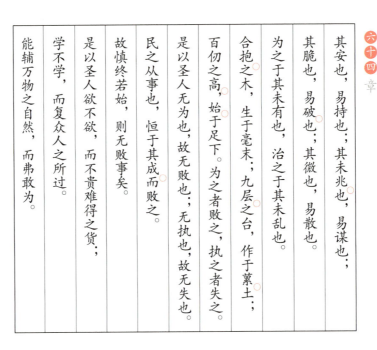

六十四章

其安也，易持也；其未兆也，易谋也；

其脆也，易破也；其微也，易散也。

为之于其未有也，治之于其未乱也。

合抱之木，生于毫末；九层之台，作于蔂土；

百仞之高，始于足下。为之者败之，执之者失之。

是以圣人无为也，故无败也；无执也，故无失也。

民之从事也，恒于其成而败之。

故慎终若始，则无败事矣。

是以圣人欲不欲，而不贵难得之货；

学不学，而复众人之所过。

能辅万物之自然，而弗敢为。

〇兆：兆头，端倪。〇破：通行本作"泮"。〇合抱：粗壮得需要双臂才能抱住。〇层：甲本作"成"，假借。〇蔂（léi）：盛土的筐。甲本作"蠃"，假借。通行本作"累"。
〇百仞之高：通行本作"千里之行"。仞，古代长度单位，一仞为八尺七尺；甲本作"仁"，假借。〇始：此处甲本作"台"，疑错。〇其成：将要成功。其，将要。通行本作"几"。

合抱之木 生于毫末

智慧堂 壬寅春偶之

事物在状态安稳时最容易把控。问题在未出现预兆之前最容易谋划。脆弱的东西最容易破碎。微小的东西最容易消散。所以，要在问题还没有发生之前开始行动，在局势还没有出现混乱之前就早做谋划。合抱的大树，是从幼小的树苗长成的。九层的高台，是用一筐筐的泥土垒成。百仞的高山，是从脚下一步一步开始攀登的。任性作为，就会失败；执意占有，就会失去。所以圣人不强行施为，因此不会失败；不执意占有，因此不会失去。很多人做事，常常在快要成功的时候却失败了。因此，在事情的最后阶段，如果能像在开始时那样认真谨慎，就不会失败了。所以圣人把"无所欲求"作为自己的目标，不贪图难得的贵重财货；将"不滥学"作为自己的学习原则，所以能纠正一般人所犯的过错。能辅助万物按照自然规律行事，而不去妄加干预。

不管是好的事物还是坏的事物，其发展都有一个从小到大、从弱到强的过程。对于有害之物，要早做预防，将其及时扼杀在萌芽之中；对于有益的事物，我们要倍加呵护，慎终如始，坚定坚持，才会立于不败之地，乃至有所大成。

故曰：为道者非以明民也，将以愚之也。

民之难治也，以其智也。

故以智治邦，邦之贼也；

以不智治邦，邦之德也。

恒知此两者，亦稽式也；

恒知稽式，此谓玄德。

玄德深矣，远矣，与物反矣，乃至大顺。

○愚：此处指淳朴、敦厚。○智：此处指计谋，巧诈。○治邦：治理国家。治，甲本作"知"，假借，下同。○稽（jī）式：古今通用的准则，法式。○反：通"返"，返璞归真。○大顺：顺乎自然天道。

195

以智治國 國之賊

為官早令夕改 民將無所適从

智慧尊 王家春作

绘理中国画

所以说，用天道规律治理国家的君王，不是让民众变得智巧机诈，而是让他们变得淳朴敦厚。民众之所以难以治理，是因为管理者太过精明机巧。所以用智巧的方式来治理国家，是国家的祸害；不用智巧的方式治理国家，是国家的福祉。认识了这两种方法，也就明白了治国的准则。持久地实行这个准则，就能达到玄德的境界。玄德深远广大，与万物一同返璞归真，然后与自然发展规律相顺应。

很多人对本章有误解，认为老子提倡愚民思想，其实这里的"愚"并非愚蠢的意思，而是要让民众实现朴实憨厚、返璞归真的一种状态。如果民众皆能如此，民风淳朴，则国家就会安宁和平、长治久安。

六十六章

江海之所以能为百谷王者，

以其善下之，是以能为百谷王。

是以圣人之欲上民也，必以其言下之；

其欲先民也，必以其身后之。

故居前而民弗害也，居上而民弗重也，

天下乐推而弗厌也。非以其无争与？

故天下莫能与争。

○百谷：众谷之水。谷，山间的溪流。○言：政令，号令。○害：妨害。○重：累，不堪。
○推：推举，拥戴。甲本作"隼"，通假。○厌：厌弃，排斥。○争：甲本作"静"，通假，下同。

大海不争高
百川而归之

智慧堂王家春作

哲理中自高

199

　　江海之所以能够统领百川河流，因为它善于处在这些河流的下方，所以能成为天下众流的归宿。因此圣人想要统治好民众，就必须在指示号令民众时表示谦卑；想要引导好民众，就必须把自己的利益放在民众之后。所以圣人处在前面，但民众不会感受到妨害；圣人处在高位，但民众不会认为感到负累。并且天下民众都乐于推戴他，而不会厌弃他。难道不正是因为他不与人争吗？所以天下没什么能和他相争。

　　大海之所以广阔，是因为甘居下位而不弃百川。要想在某个领域成为统领者，就必须有大海一样的心胸，不妄自尊大，不高高在上。只有这样，才能得到别人的尊敬和爱戴。虚怀若谷、不与人争，别人也就不会与你相争，安心做事，成就和荣誉不争而自来。

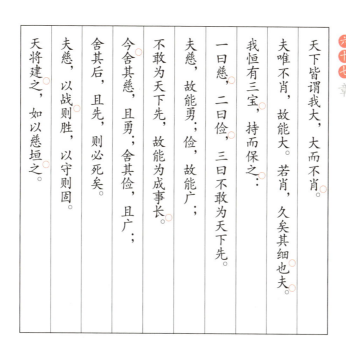

天下皆谓我大，大而不肖。

夫唯不肖，故能大。若肖，久矣其细也夫。

我恒有三宝，持而保之：

一曰慈，二曰俭，三曰不敢为天下先。

夫慈，故能勇；俭，故能广；

不敢为天下先，故能为成事长

今舍其慈，且勇；舍其俭，且广；

舍其后，且先，则必死矣。

夫慈，以战则胜，以守则固。

天将建之，如以慈垣之。

○肖：相似，相像。乙本作"宵"，通假，下同。○细：小，与"大"相对。○此列甲本作"夫唯大，故不宵。若宵，细久矣"。○宝：甲本作"葆"，通假，下同。○持而保之：此句甲本仅存"之"，疑漏字。持，乙本作"市"，假借。○慈：甲本作"兹"，通假。○俭：甲本作"检"，通假。○事长：领袖。乙本、通行本作"器长"。○今：假使，如果。○战：乙本作"单"，通假，下同。○建：救助。通行本作"救"。○垣（yuán）：守卫、保护。通行本作"卫"。

我有三宝 持而保之
一曰慈 二曰俭 三曰不敢为天下先

智慧老堂 王家春作

　　天下的人都说道太宏大了，不像任何具体的事物。正因为没有任何具体的形象，才会如此宏大。如果像具体的东西，它早就变得渺小了。我有三样宝物，掌握并守护着它们。第一个叫作"慈"，第二个叫作"俭"，第三个叫作"不敢为天下先"。出于仁慈而挺身而出，所以勇敢；追求简朴而处世，所以宽厚；行事不敢因争先于名利，所以能被众人推为领袖。假如舍弃了仁慈，而求勇猛；舍弃了简朴，而求宽厚；舍弃了居后，而求向前冒险，结果只能是失败！所以，拥有了正义的仁慈，作战就会取得胜利，用于防守就会牢不可破。所以上天要救助谁，就会给予他仁慈的品质，用来保卫他。

　　老子的三宝——仁慈、节俭、不为天下先，其智慧可以用于治国，也可以用于修身、齐家。它不仅是为人处世的法宝，也是养生的最好方法。因为仁慈，对人宽厚，则少生气，百病自消。因为简朴，不求名利奢华，则心胸豁达，不会为小事计较，心宽体胖，自会身体健康。因为不争名争利，自会少了很多冒险的机会，不去冒险，自然会平平安安。

六十八 章

善为士者，不武；

善战者，不怒；

善胜敌者，弗与；

善用人者，为之下。

是谓不争之德，是谓用人，

是谓配天，古之极也。

○士：将士，将帅。○武：用武力。○弗与：不与其兵戈相接。○争：甲本作"诤"，通假。○配天：合于天道。甲本无"配"，疑漏字。乙本"配"作"肥"，假借。○极：准则，标准。

善勝敵者不與　善用人者為之下

智慧老掌　庚戌春作

205

善于做统帅的人，不会逞显勇武；善于作战的人，不会轻易被激怒；善于战胜敌人的人，不会与敌人正面蛮斗；善于使用人才的人，对人才往往态度谦下。这就是符合不争强好胜的大德，这就是能充分发挥人才能力的大智，这叫与天道相匹配，这就是符合天道自古以来的最高准则。

爱争强好胜、名利心重的人，当将帅必然会逞能显威，去作战必然会怒气冲冲，遇到敌人必然会用蛮力相搏，刀枪相碰，这样的人只能是一介武夫，或许能取得暂时的胜利，最终往往会一败涂地。

六十九章

用兵有言曰：

吾不敢为主而为客，吾不敢进寸而退尺。

是谓行无行，攘无臂，执无兵，乃无敌矣。

祸莫大于无敌，无敌近亡吾宝矣。

故称兵相若，则哀者胜矣。

○行（xíng）无行（háng）：行军没有阵列。行（háng），行伍，指军队阵列。○攘：抢夺，侵犯。甲本作"襄"，通假。○大于：甲本作"于于"，疑错。○无敌：此指自以为无敌。通行本作"轻敌"。敌，甲本作"适"，通假。○近：甲本作"斤"，通假。○亡：通行本作"丧"。○吾宝：甲本作"吾吾葆"，疑衍一"吾"字。○称兵：即举兵，动用武力，发动战争。通行本作"抗兵"。○相若：相近，相仿。通行本作"相加"。

207

祸莫大于轻敌
紧闭关门不轻言战

边关

善于用兵的人有这样的警句，我不敢主动去进犯别人，而是万不得已才被动防守；我不敢主动进攻一寸，而是宁可后退一尺。这样的话，虽然有阵势，却像没有阵势，对方士气得不到振奋，想面对面打斗也找不到对手，手中拿的也不是兵器，这样便能天下无敌了。不过最大的祸患，便是自以为天下无敌。这样的话，几乎让我丧失了慈、俭、不敢为天下先这人生三宝。所以两军对垒实力相当的时候，那些本不愿打仗而慈悲怜悯的一方，通常会取得胜利。

老子是反对战争的。那些逞强好胜主动发起战争的，往往没有好下场。自恃强大，必定骄横傲慢，骄兵必败，最后的胜利往往属于慈柔悲愤的一方，因为奋起抗争的一方往往更具有勇气和毅力。

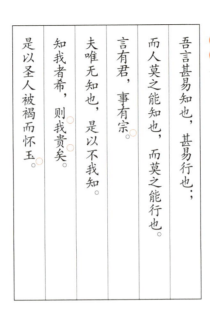

七十章

吾言甚易知也，甚易行也；

而人莫之能知也，而莫之能行也。

言有君，事有宗。

夫唯无知也，是以不我知。

知我者希，则我贵矣。

是以圣人被褐而怀玉。

○言有君，事有宗：通行本作"言有宗，事有君"。君，主体。宗，宗旨或主旨。○则：遵照，效法。○贵：难得。○被褐而怀玉：衣着粗陋却身藏宝玉或才华。

知我者希　則我者貴　聖人被褐而懷玉

智慧堂　王家春

哲理中国画

　　我的理论非常容易理解，也非常容易实行。但是世人却不去理解，也不去实践。我的言论蕴含的主旨核心，来自大道；我的行为都有准则可依，符合大道。天下的人认知不到这些，所以对我也就不能理解。理解我的人太少了，效法我的行为的人更是难得。所以那些得道的圣人往往外表俭朴，身穿粗布衣服，但怀中却揣着智慧的美玉呀！

　　凡人看到的只是争名夺利而得来的小惠，圣人看到的则是争名夺利带来的祸端。而真正的大福、大贵、大平安，只有靠居下、谦让、守静、不争才能修来。

七十一 章

知不知，尚矣；

不知知，病矣。

是以圣人之不病，

以其病病，是以不病。

○知不知：知道自己有所不知。○尚：通"上"，最好。○不知知：甲本作"不不知知"，疑多字。○病：有缺陷，毛病。○病病：担心沾染了毛病。前者为动词，后者为名词。

知不知 上
鸡贵有自知自明

智慧堂 王家春作

知道自己有所不知，这是最好的。不知道却自以为知道，这是很大的毛病。所以圣人不会有愚蠢的弊病，是因为时常担心自己沾染上"自以为知道其实不知道"的这种毛病，所以才能避免这种弊病。

　　很多人在人生的道路上栽跟头，是栽在不懂装懂、自以为是的毛病上。所以后来孔子告诫我们："知之为知之，不知为不知，是知也。"那些明智的人，往往懂得自知之明，做事才会诚实谨慎，这样才不会误入歧途。

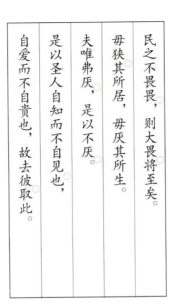

七十二章

民之不畏畏，则大畏将至矣。

毋狭其所居，毋厌其所生。

夫唯弗厌，是以不厌。

是以圣人自知而不自见也，

自爱而不自贵也，故去彼取此。

○畏畏：畏惧其应当畏惧的事物。通行本作"畏威"。○大畏：更大的使人畏惧的事物，犹灾祸。通行本作"大威"。○狭：逼迫，迫使。甲本作"闸"，假借。通行本作"狎"。○弗厌：不去压制、压迫。○不厌：不会厌弃。○见：表现，显露。通"现"。○彼：甲本作"被"，通假。

谁知粒粒皆辛苦 贤王自爱不自贵

智慧堂 王家春书之

当民众不再畏惧统治者的权力的时候，那么更大的灾祸就要到来了。不要迫使民众居无定所，不要让民众的生存越来越窘迫。只有不压迫民众，民众才不会憎恶君王的统治。所以得道的君王有自知之明，不会过多地表现自己的权威；同时也会洁身自爱，而不会高高在上，压榨百姓而追求奢靡的生活。因此君王要学会去掉自见和自贵，而要保持自知和自爱。

不论动物界还是人类社会，往往会自然而然形成一种主次关系，即领导与被领导的关系。如何才能达到和谐、和睦、共生、共荣，最好的办法就是处于主位者不要乱使权威，而要让处于次位者不能感受到受到了压迫和轻视，各自按照无为而有为的原则，自我定位，共同发展。

七十三章

勇于敢者则杀，勇于不敢者则活。

此两者，或利或害。

天之所恶，孰知其故？

天之道，不战而善胜，不言而善应，

不召而自来，坦而善谋。

天网恢恢，疏而不失。

○敢：进犯，蛮干妄为。○活：存活。甲本作"栝"，通假。○恶（wù）：讨厌，憎恨。乙本作"亚"，通假。○召：召唤，招引。○坦：坦荡，坦然。甲本作"弹"，假借。通行本作"繟然"。○天网：天道如网。网，乙本作"罔"，假借。○恢恢：宽大，广阔。

勇于敢則杀 勇于不敢則活

小心謹慎 方得平安

智慧堂 王家春写

220

　　勇于蛮干妄为则容易失败，勇于谨慎退让则容易成功。这两种行为尽管都出于勇，但一个结果是好，一个结果是坏。上天所厌恶的，谁知道是什么缘故呢？天道的规则，是不刻意去争反而容易取得胜利，不善言辞争辩反而容易得到对方的接受，不去召唤想要的东西，该来时自己就会来。看似悠闲自在、坦然恬静，其实是善于谋划全局。天道如同一张宽大无边的网，笼罩和主宰着万物，看似稀疏，却不会遗漏任何一件事物。

　　胆大妄为、肆无忌惮的人往往不得善终，拥有胆识而不冒进、遇事谨慎多思的人，反而会走向成功。这正是天道的自然规律。自然、社会的一切运行规律，都逃脱不了大道运行规律的主宰。

若民恒且不畏死，奈何以杀惧之也？

若民恒且畏死而为畸者，

吾将得而杀之，夫孰敢矣。

若民恒且必畏死，则恒有司杀者。

夫代司杀者杀，是代大匠斫也。

夫代大匠斫者，则希不伤其手矣。

○若民恒且畏死而为畸者：甲本作"若民恒是死，则而为者"，疑有错漏。为畸（jī），做出非常之举或越轨之事。畸，通行本作"奇"。○必：果真。○司杀者：负责行刑的机构或人。○代：甲本作"伐"，疑错。○大匠：技能高超的工匠。○斫（zhuó）：砍，削。

民不畏死 奈何以死惧之

智慧堂 王家春作之

　　苛政残暴到民不怕死的地步，用死亡来恐吓他们有什么用呢？如果能让百姓害怕死亡，珍惜生命，对于那些为非作歹的越轨之人，我们就会把他抓起来杀掉，谁还敢为非作歹呢？如果百姓都非常害怕死亡，通常也应该有负责律法大权的人行使刑杀的权力。如果不经过律法判决，而越权代替掌刑部门去随意杀人，就像不懂木工技术的人去代替技艺高超的工匠砍凿木头一样。代替技艺高超的工匠去砍凿木材，很少有不伤到自己手的。

　　律法可以严明，但不能苛刻，如果太过苛刻，政烦刑重，随时有犯法违禁的可能，则民无所适从。企业管理也是一样的道理，一要纪律严明，二要人性化，以人为本。那些对员工太苛刻的企业，动不动就处分罚款，结果只能是人心涣散，企业走向倒闭。

七十五章

人之饥也，以其取食税之多也，是以饥。

百姓之不治也，以其上之有以为也，是以不治。

民之轻死，以其求生之厚也，是以轻死。

夫唯无以生为者，是贤贵生。

○取食税：榨取税赋。○以其上之有：甲本作"以其上有"，疑漏字。○轻：轻视，态度轻率。○厚：珍惜，意愿浓厚。或指贪求过度。○无以生为：不去追求生活享受。○贵生：珍重生命。

无以生为者 贤于贵生

不求生活奢靡 与民同甘共苦

方为贤君

智慧堂 王家春作

哲理中国画

226

　　老百姓遭受饥饿，是因为统治者榨取的赋税太多的缘故，所以才会饥饿。百姓难于管理，是因为统治者的政令烦苛，所以导致不好管理。老百姓不怕死，是因为统治者横征暴敛以满足贪婪的欲望、奢侈的生活，所以百姓奋力反抗而不怕死。由此可见，那些不去榨取百姓享受奢靡生活的君王，要胜过那些追求奢靡厚养生活的君王。

　　老子主张，君王不能追求奢靡，而应对百姓无为而治，自己也追求淡泊宁静的生活，不扰民、不役民，如果能这样就符合大道，远比强势作为的君王英明千万倍。

七十六章

人之生也柔弱，其死也筋肕坚强。

万物草木之生也柔脆，其死也枯槁。

故曰：坚强者，死之徒也；

柔弱微细，生之徒也。

兵强则不胜，木强则烘。

强大居下，柔弱微细居上。

○筋肕（rèn）：人体的筋骨韧带。肕，甲本作“仞”，通假。○枯槁：干枯，枯萎，憔悴。○徒：同一类事物。○柔弱微细：通行本作“柔弱”。○胜：能承受。○烘：焚烧，燃烧。甲本作“恒”，假借。

柔弱居上

看似柔弱的种子 生命力如此强大

突破石块的压迫 成长为参天大树

智慧堂 王家春作 之

哲理中国画

人活着的时候身体是柔弱的，人死后身体就会变得坚硬。草木生长的时候都是柔软脆弱的，等死了以后枝叶就会变得干枯。所以说，强硬者往往与死亡连在一起，柔弱者往往与生长连在一起。因此，依靠武力逞强的军队往往会招致失败，就像树木坚硬干枯时就会遭到焚烧。看似强大的事物往往走下坡路，而看似柔弱的东西往往向上发展。

老子借助身边的例子告诉我们，柔弱的东西往往富于生命力，是蓬勃向上的；强硬的东西则濒临死亡，是衰落残败的。人生在世，如果逞强好胜，往往都不会有好结果，而以柔处世，则处处会游刃有余，看似柔弱，却能掌控事物的发展，最终实现理想的目的。

天之道，犹张弓者也。

高者抑之，下者举之；

有余者损之，不足者补之。

故天之道，损有余而益不足。

人之道则不然，损不足而奉有余。

孰能有余而有以取奉于天者乎？唯有道者乎。

是以圣人为而弗有，成功而弗居也。

若此，其不欲见贤也。

○天之道：甲本作"天下之道"，疑衍字。○犹：犹如，好像。乙本作"酉"，假借。○张弓：拉开弓弦。○抑：压，压制。甲本作"印"，通假。○人之道：指社会的一般法则。○取奉：取法。○弗有：不去占有。通行本作"不恃"。○弗居：不因功求荣。通行本作"不处"。

231

天之道其犹张弓与 高者抑之 下者举之

损有余而补不足

智慧堂 王家春

天道的规则，就好像张弓射箭一样。瞄准目标时，高了就往低压一点，低了就往上抬高一点。弦拉得太过了就再松一些，弦拉得不到位就再紧一些。所以天道的规则，就是减损多余的部分，弥补不足的地方。但人道就不一样了，往往削减匮乏不足的人，来供奉富足有余的人。谁能在富足有余之后取出一些来接济天下不足的呢？只有那些有道的人能做到。所以，得道的圣人化育万物而不据为己有，事情成功之后而不谋求荣誉。这样做，他只是顺天道而为，并不想表现自己的贤能。

天之道遵循损余补缺，正是自然界自我平衡、自我和谐的结果。因为道是没有分别心的，它平等对待万事万物。人之道因为有功利心和分别心，而造成两极分化、贵贱有别、贫富悬殊，这与天道相悖。在老子的心目中，损有余而补不足，才能使得人与自然和谐一致，人与人和谐，从而在和谐有序的社会中享受人生的幸福。

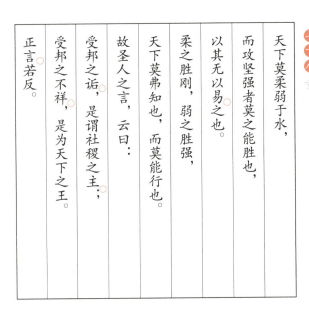

七十八章

天下莫柔弱于水，

而攻坚强者莫之能胜也，

以其无以易之也。

柔之胜刚，弱之胜强，

天下莫弗知也，而莫能行也。

故圣人之言，云曰：

受邦之诟，是谓社稷之主；

受邦之不祥，是为天下之王。

正言若反。

〇易：代替，替换。〇诟（gòu）：侮辱，耻辱。甲本作"詢"，假借。通行本作"垢"。

〇社稷之主：一般指君王。〇不祥：不幸的灾难。〇正言：正面的话。

234

滴水可穿石 柔弱胜刚强

235

　　天下没有比水更柔弱的，然而攻破坚强的东西，没有什么能胜过它，因为没有什么能够替代它。这就是柔能胜刚，弱能胜强的道理，天下没有人不知道，但几乎没有谁能做到。所以得道的圣人才说：能够甘居人下，容纳和化解国家的各种屈辱之事，才是真正的一国之主；能够责在人先、承担和破解国家的各种祸乱灾难，才能成为天下的君王。这样正面的话，听着就像反面的话一样。

　　领导者要像柔弱的水一样，能上能下、能方能圆、甘居低处、乐居人后、胸怀宽广，容纳包容一切乱七八糟的烦心之事并解决它，承担肩负一切艰难困苦的劳心之事并能破解它。这样的人，在国则是好国王，在家则是好家长，在单位则是好领导。

七十九章

和大怨，必有余怨，

焉可以为善？

是以圣人执右契，

而不以责于人。

故有德司契，无德司彻。

夫天道无亲，恒与善人。

○大怨：深厚的矛盾或仇恨。○焉：疑问词，怎么。通行本作"安"。○圣人执右契：君子拿着契约借据。甲本作"圣右介"，疑漏字。"介"通"契"，下同。古代契约分左右两半，相合为信。左契由负债人所持，右契为债权人所持，可凭此契约责令负债人偿还。○司契：掌管契约借据的人。○司彻：古代指税收官。彻，甲本作"勶"，通假。○与：给予，施助。

天道无亲 常与善人

智斋堂王家春写

238

调解了人与人之间的深仇大恨，必然还会有一些余留未消的怨气，怎么能算是妥善的解决方法呢？所以那些得道的圣人，即使手中拿着别人的欠条，也不会追着别人讨债。有德之人就像手握契约、欠条的人一样宽容；无德之人就像负责税收的税吏一般严苛。天道不会偏爱任何一个人，而善良的人总是遵循天道行事，所以天道常常与善人同在。

老子总结说，其实大道并无偏爱之心，但是为什么大家感觉大道经常帮助那些善良的大德之人呢？原因是大德之人遵从了天道，所以天道总是和他们在一起。按天道行事，天道自会相助，贵人会越来越多，怨恨会越来越少。

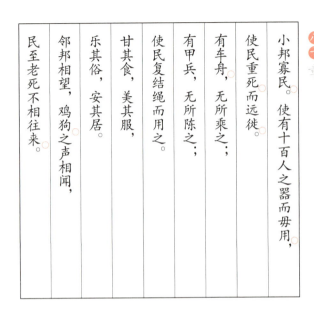

八十章

小邦寡民。使有十百人之器而毋用，

使民重死而远徙。

有车舟，无所乘之；

有甲兵，无所陈之；

使民复结绳而用之。

甘其食，美其服，

乐其俗，安其居。

邻邦相望，鸡狗之声相闻，

民至老死不相往来。

○寡民：人口稀少。○使有十百人之器而毋用：甲本作"使十百人之器毋用"，疑漏字。十百人之器，相当于十倍、百倍人力的器械。十百，同"什佰"。通行本作"什伯之器"。○重死：看重死亡，即珍惜生命。○远徙：远离或避免迁徙。○车舟：通行本作"舟舆"。舟，甲本作"周"，假借。○鸡狗：通行本作"鸡犬"。○往来：此处比喻侵占对方领土。

240

甘其食 美其服 安其居 乐其俗

智慧堂王家春作

241

一个国家不要追求疆域太大、人口太多，使那些相当于十百倍人工的器械不需要被使用，远离危险的地方。尽管有运输的船只和车辆，也没有什么人愿意乘坐；尽管有铠甲武器，却没有机会使用。让百姓回归到憨厚淳朴的状态，就像结绳记事时的古人一样，使百姓能饮食可口、衣着得体、民俗和乐、安居太平。两国之间可以互相望得见，鸡鸣犬吠的声音都可以互相听得见，但民众自出生以来，直到老死，也不互相争夺地盘，发动战争。

　　越是追求强大的事物，往往越容易走向毁灭。老子认识到了这一点，一个国家越大，就可能会有立大国、图霸业的欲望，一旦有称霸之心，必然会发动战争，侵占别国领土，扩大自己的地盘，由此导致天下动荡、民不聊生。

八十一章

信言不美，美言不信；

知者不博，博者不知；

善者不多，多者不善。

圣人无积，既以为人，己愈有；

既以予人矣，己愈多。

故天之道，利而不害；

人之道，为而弗争。

○信言：真实、诚实的话。○博者：见识广博的人。○多者：积蓄财物众多的人。通行本作"辩者"。○既：尽力，尽量。○人之道：通行本作"圣人之道"。○为：帮助，护卫。

243

信言不美 美言不信 善者不辩 辩者不善

智慧堂王毅春作

给我们唱上一个吧 你的歌唱的真好听

哲理中国画

真实的话语往往并不漂亮动听，漂亮动听的话往往不真实。真正有智慧的人，不会去追求广博的见闻；追求广博见闻的人，往往智慧学问并不高深。有道之人不去谋求私利；谋求私利的人，不是有道之人。得道的圣人不会去积累财富，而是尽力帮助他人，自己反而更加富有；尽力给予他人，自己反而更加富足。所以自然的法则，是有利于万物而不伤害万物；有道之人的法则，是帮助别人而不争夺名利。

人的天性本身就存在着弱点，能克服人性的弱点，就会有所作为；而滋长人性的弱点，往往一事无成，甚至灾祸缠身。只有遵循大道，不贪求物欲，乐于帮助别人，内心才越会富足。

附录

附录一　老子小传

老子，姓李名耳，字聃，一字伯阳（或曰谥伯阳），春秋末期著名哲学家、思想家、文学家和史学家，道家学派创始人及代表人物，与庄子并称"老庄"。唐朝时被追认为李姓始祖，唐高宗时，老子被封为太上玄元皇帝；宋真宗时，加号太上老君混元上德皇帝。老子被联合国教科文组织列为世界文化名人、世界百位历史名人之一。

老子出生于楚国苦县赖乡（也作濑乡或厉乡）曲仁里（今河南省鹿邑县太清宫镇）。年轻时即以博学闻名，并求教于齐国学者常枞（商容）。曾在周朝首都洛邑担任守藏室之史，后受权贵排挤因而离职，出游鲁国。在鲁国巷党（今山东济宁境内）主持友人葬礼，孔子助葬，并问礼于老子。

周景王时期，老子被甘平公召复原职。孔子自鲁国入周，拜访老子。周王室内讧之际，老子因所管国家典籍被王子姬朝携往楚国而免职回乡。后孔子至苦县，再度问学于老子。

春秋末年，天下大乱，老子遂骑青牛西行，云游四方。至函谷关，受关令尹喜之邀，著智慧箴言集上、下两篇，约五千言。据说，这就是后来传世的《道德经》。老子西行至鳌屋（今陕西周至县），于终南山北麓楼观台设坛讲经授道，故后世也称楼观台为"说经台"。

此后，老子继续西行，不知所踪。

　　相传，老子晚年归隐修炼于景室山（今洛阳老君山），一说最终在陇西凤台（今甘肃临洮超然台）羽化升仙。《庄子·养生主》称："老聃死，秦佚吊之，三号而出。"

　　老子以其深刻的辩证哲学思想对后世产生了巨大的影响。在哲学上，阐述道法自然、有无相生；在政治上，主张无为而治、不言之教；在权术上，认为柔能胜刚、物极必反；在修身方面，讲究虚静退让、不与人争。现在一般认为，《道德经》（也称《老子五千言》或《老子》）是老子唯一的传世作品。其文流传广远、自古及今，注释解读版本百十种，并被译成数十种文字，流传于世，是全球文字出版发行量最大的著作之一。

□□□□□□□□□□□□德上德无□□无以
爲也上仁爲之□□以爲也上義爲之而有以爲也上禮□□
□□□□□□攘臂而乃之故失＝道＝矣而後德失德而後
仁失仁而後義□義而□□□□□□而亂之首也
□□□道之華也而愚之首也是以大丈夫居亓厚而不居亓
泊居亓實不居亓華故去皮取此昔之得一者天得一以清地
得□以寧神得一以霝浴得一以盈侯□□□而以爲正亓致
之也胃天毌已清將恐□胃地毌□□將恐發胃神毌已霝□
恐歇胃浴毌已盈將將恐渴胃侯王毌已貴□□□□□故必
貴而以賤爲本必高矣而以下爲亓夫是以侯王自胃□孤寡
不棠此亓賤□□與非□故致數與无與是故不欲□□若玉
硌□□□□□□□□□□□□□□□□□□□□□□□□
□□□□□□□□□□□□□□□□□□□□□□□□□
□□□□□□□□□□□□□□□□□□□□□□□□□
□□□□□□□□□□□□□□□□□□□□□□□□□
道善□□□□□□道之動也弱也者道之用也天□□□
□□□□□□□□□□□□□□□□□□□□□□□□□
□□□中氣以爲和天下之所惡唯孤寡不棠而王公以自名

也勿或敢之□□□之而敢故人□□□議而教人故強良者
不得死我□以爲學父天下之至□馳騁於天下之致堅无有
入於无間五是以知无爲□□益也不□□教无爲之益□下
希能及之矣名與身孰親身與貨孰多得與亡孰病甚□□□
□□□□□亡故知足不辱知止不殆可以長久大成若缺亓
用不幣大盈若盅亓用不窮大直如詘大巧如拙大贏如炳趮
勝寒靚勝炅請靚可以爲天下正 •天下有道□走馬以糞天下
无道戎馬生於郊 •罪莫大於可欲禍莫大於不知足咎莫憯於
欲得□□□□□恆足矣不出於戶以知天下不規於牖以知
天道亓出也彌遠亓□□□□□□□□□□□□□□□
爲而□□爲□□□□□□□□□□□□□□□□□□□
□□□□□□□取天下也恆□□□□□□□□□□□□□
□□□□□□□以百□之心爲□善者善之不善者
亦善□□□□□□□□□□□□□□信也□□之在天
下翕=焉爲天下渾心百姓皆屬耳目焉聖人皆□□□生
□□□□□□有□□□徒十有三而民生=動皆之死地之十
有三夫何故也以亓生=也蓋□□執生者陵行不□矢虎入
軍不被甲兵矢无所楯亓角虎无所昔亓蚤兵无所容□□□

何故也以元无死地焉 •道生之而德畜之物刑之而器成之是
以萬物尊道而貴□□之尊德之貴也夫莫之尌而恆自然
也 •道生之畜之長之遂之亭之□之□□□□□□弗有也爲
而弗寺也長而勿宰也此之胃玄德天下有始以爲天下母愍
得元母以知元□復守元母沒身不殆 •塞元闷閉元門終身不
堇啟元闷濟元事終身□□□小曰□守柔曰強用元光復歸
元明毋道身央是胃襲常使我挈有知也□□大道唯□□□
□□其夷民其好解朝其除田其芜倉甚虛服文采帶利□□
食货□□□□□□□□□□□□□□□□善建□□拔□□□□□
子孫以祭祀□□□□□□□□□□□□□□□餘修之□
□□□□□□□□□□□□□□□□□□□以身□身以
家觀家以鄉觀鄉以邦觀邦以天□觀□□□□□□□□□
□□□□□□之厚□比於赤子逢㮮蠆地弗螫攫鳥猛獸弗
搏骨弱筋柔而握固未知牝□□□□□□精□至也終日號
而不㖒和之至也和曰常知和曰明益生曰祥心使氣曰強□
□即老胃之不＝道＝□□□□□弗言＝者弗知塞元闷閉
元□□其光同元塵坐元閱解元紛是胃玄同故不可得而親
亦不可得而疏不可得而利亦不可得而害不可□而貴亦不

可得而淺故爲天下貴 •以正之邦以畸用兵以无事取天下吾
□□□□□也戋夫天下□□諱而民彌貧民多利器而邦家
茲昏人多知而何物茲□□□□□□盜賊□□□□□□□
□□我无爲也而民自化我好靜而民自正我无事而民□□
□□□□□□□□□□□□□□□□□其正察=其邦夬夬
𩡧福之所倚福𩡧之所伏□□□□□□□□□□□□□□
□□□□□□□□□□□□□□□□□□□□□□□□□□□
□□□□□□□□□□□□□□□□□□□□□□□□□□□
□□□□□□□□□□□□□□□□□□□□□□□□可以有
=國=之母可以長久是胃深槿固氐長□□□□道也□□
□□□□□□□□天下亓鬼不神非亓鬼不神也亓神不傷
人也非亓申不傷人也聖人亦弗傷□□□不相□□德交歸
焉大邦者下流也天下之牝也天下之郊也牝恆以靚勝牡爲
亓靚□□宜爲下大邦□下小□則取小=邦=以下大邦則
取於大邦故或下以取或下而取□大邦者不過欲兼畜人小
邦者不過欲入事人夫皆得亓欲□□□□□下□者萬物之
注也善人之葆也不善人之所葆也美言可以市尊行可以賀
人=之不善也何棄也□有故立天子置三卿雖有共之璧以

先四馬不善坐而進此古之所以貴此者何也不胃求□得有
罪以免輿故爲天下貴 •爲无爲事无事味无未大小多少報怨
以德圖難乎□□□□□□□□□天下之難作於易天下之
大作於細是以聖人冬不爲大故能□□□□□□□□□
□□必多難是□□人猷難之故冬於无難 •亓安也易持也□
□□□易謀□□□□□□□□□□□□□□□□□□
□□□□□□□□□□□毫末九成之臺作於羸土百
仁之高台於足下□□□□□□□□□□□□□□也□
无敗□无執也故无失也民之從事也恆於亓成事而敗之故
慎終若始則□□□□□□欲不欲而不貴難得之腸學不
學而復衆人之所過能輔萬物之自□□弗敢爲故曰爲道者
非以朙民也將以愚之也民之難□也以亓知也故以知＝邦
＝之賊也以不知＝邦□□德也恆知此兩者亦稽式也恆知
稽式此胃玄＝德＝深矣遠矣與物□矣乃□□□□海所以
能爲百浴王者以亓善下之是以能爲百浴王是以聖人之欲
上民也必以亓言下之亓欲先□□必以亓身後之故居前而
民弗害也居上而民弗重也天下樂隼而弗猒也非以亓无静
與故天下莫能與静小邦募民使十百人之器毋用使民重死

而遠送有車周无所乘之有甲兵无所陳□□□□□□□用
之甘亓食美亓服樂亓俗安亓居鄰邦相壁雞狗之聲相聞民
□□□□□□□□□□□□□不□□者不博□者不知善
□□□□者不善 •聖人无□□以爲□□□□□□□□□□
□□□□□□□□□□□□□□□□□□□□□□□
大唯□故不宵若宵細久矣我恆有三葆之一曰茲二曰檢□
□□□□□□□□□□□□□故能廣不敢爲天下先故能
爲成事長今捨亓茲且勇捨亓後且先則必死矣夫茲□□則
勝以守則固天將建之女以茲垣之善爲士者不武善戰者不
怒善勝敵者弗□善用人者爲之下□胃不諍之德是胃用人
是胃天古之極也 •用兵有言曰吾不敢爲主而爲客吾不進寸
而芮尺是胃行无行襄无臂執无兵乃无敵矣𪚏莫於於无＝
適＝斤亡吾吾葆矣故稱兵相若則哀者勝矣吾言甚易知也
甚易行也而人莫之能知也莫之能行也言有君事有宗亓唯
无知也是以不□□□□□□□我貴矣是以聖人被褐而褱
玉知不知尚矣不＝知＝病矣是以聖人之不病以亓□□□
□□□□□□畏＝則□□□□矣 •毋閘亓所居毋猒亓所生
夫唯弗猒是□□□□□□□□□□□□□□□□□而不自

貴也故去被取此•勇於敢者□□□於不敢者則栝□□□□
□□□□□□□□□□□□□□□□□□□□不言而善
應不召而自來彈而善謀□□□□□□□□□□□□□□
□奈何以殺愳之也若民恆是死則而爲者吾將得而殺之夫
孰敢矣若民□□必畏死則恆有司殺者夫伐司殺者殺是伐
大匠斲也夫伐大匠斲者則□不傷亓手矣•人之飢也以亓取
食䢅之多也是以飢百姓之不治也以亓上有以爲□是以不
治•民之巠死以亓求生之厚也是以巠死夫唯无以生爲者是
賢貴生人之生也柔弱其死也𦶜仞賢強萬物草木之生也柔
脆亓死也棹槁故曰堅強者死之徒也柔弱微細生之徒也兵
強則不勝木強則恆強大居下柔弱微細居上天下□□□□
□者也高者印之下者舉之有餘者敗之不足者補之故天之
道敗有□□□□□□□□□不然敗□□□奉有餘孰能有
餘而有以取奉於天者乎□□□□□□□□□□□□□□
□□□□□□□□□□見賢也天下莫柔□□□□□堅強
者莫之能□也以亓无□易□□□□□□□勝強天□□□
□□□□行也故聖人之言云曰受邦之詢是胃社稷之主受
邦之不祥是胃天下之王□□若反和大怨必有餘怨焉可以

爲善是以聖右介而不以責於人故有德司介□德司劳夫天
道无親恆與善人 •道可道也非恆道也名可名也非恆名也无
名萬物之始也有名萬物之母也□恆无欲也以觀其眇恆有
欲也以觀其所噭兩者同出異名同胃玄之有玄眾眇之□天
下皆知美爲美惡已皆知善訾不善矣有无之相生也難易之
相成也長短之相刑也高下之相盈也意聲之相和也先後之
相隋也恆也是以聲人居无爲之事行□□□□□□□
也爲而弗志也成功而弗居也夫唯居是以弗去不上賢□□
□□□□□□□不爲□□□□使民不□是以聲人之
□□□□□□□□□強其骨恆使民无知无欲也使
□□□□□□□□□弗盈也潚呵
始萬物之宗銼元解其紛和其光同□□□□□或存吾不知
□子也象帝之先天地不仁以萬物爲芻狗聲人不仁以百省
□□狗天地□間□猶橐籥興虛而不淈蹱而俞出多聞數窮
不若守於中浴神不死是胃玄=牝=之門是胃天地之根緜
=呵若存用之不堇天長地久天地所以能□且久者以其不
自生也故能長生是以聲人芮其身而身先外其身而身存不
以其无□興故能成其□上善治水=善利萬物而有靜居眾

之所惡故幾於道矣居善地心善瀟予善信正善治事善能蹱
善時夫唯不靜故无尤揗而盈之不□□□□□□之□之□
可長葆之金玉盈室莫之守也貴富而驕自遺咎也功述身芮
□□□□□□□□□□□□能嬰兒乎修除玄藍
能毋疵乎愛□□□□□□□□□□□□□□□
□□□□□□生之畜之生而弗□□□□□□□是胃玄
德卅□□□□□其无□□之用□然埴爲器當其无有埴器
□□□□□□當其无有□之用也故有之以爲利无之以爲
用五色使人目朚馳騁田臘使人□□□難得之賃使人之行
方五味使人之口啁五音使人之耳聾是以聲人之治也爲腹
不爲目故去罷耳此龍辱若驚貴大梡若身苟胃龍辱若驚龍
之爲下得之若驚失之若驚是胃龍辱若驚何胃貴大梡若身
吾所以有大梡者爲吾有身也及吾无身有何梡故貴爲身於
爲天下若可以迀天下矣愛以身爲天下女可以寄天下視之
而弗見名之曰䉺聽之而弗聞名之曰希捪之而弗得名之曰
夷三者不可至計故㽁而爲一=者其上不做其下不物尋=
呵不可名也復歸於无物是胃狀之狀无物之□□□□□□
□□□□□□而不見其首執今之道以御今之有以知古始

是胃□□□□□□□□□□□□深不可志夫唯不可志故
強爲之容曰與呵其若冬□□□□□畏四□□呵其若客
淡呵其若淩澤□呵其若楃涛□□□□□□□若浴濁而竟
之余清女以重之余生葆此道者不欲盈夫唯不欲□□以能
□□□成至虛極也守意表也萬物旁作吾以觀其復也天物
雲=各復歸於其□□□=是胃復=命=常也知常明也不
知常帚=作兇知常容=乃公=乃王=乃天=乃道=乃久
汋身不怠大上下知有之其次親譽之其次畏之其下母之信
不足案有不信□□其貴言也成功遂事而百省胃我自然故
大道廢案有仁義知快出案有大僞六親不和案有畜茲邦家
乳案有貞臣絕聲弁知民利百負絕仁弁義民復畜茲絕巧弁
利盜賊有此三言也以爲文未足故令之有所屬見素抱□□
□□□□□□唯與訶其相去幾何美與惡其相去何若人
之□□亦不□□□□□□□□□□□眾人熙=若鄉於大
牢而春登臺我泊焉未佻若□□□□纍呵如□□□□□皆
有餘我獨遺我愚人之心也惷=呵鬻□□□□□□胃呵鬻
人蔡=我獨閭=呵物呵其若□壁呵亓若无所止□□□□
□□□□□以悝吾欲獨異於人而貴食母孔德之容唯道是

從道之物唯望唯忽＝□□呵中有象呵望呵忽呵中有物呵
潚呵鳴呵中有請吔其請甚真其中□□自今及古其名不去
以順眾仪吾何以知眾仪之然以此炊者不立自視不章自見
者不明自伐者无功自矜者不長其在道曰粽食贅行物或惡
之故有欲者□居曲則金枉則定窪則盈敝則新少則得多則
惑是以聲人執一以爲天下牧不□視故明不自見故章不自
伐故有功弗矜故能長夫唯不爭故莫能與之爭古□□□□
□□□語繾誠金歸之希言自然風不冬朝暴雨不冬日孰爲
此天地□□□□□□於人乎故從事而道者同於道德者同
於德者同於失同於德□道亦德之同於□者道亦失之有
物昆成先天地生呵繆呵獨立□□□可以爲天地母吾未知
其名字之曰道吾強爲之名曰大□曰筮＝曰遠□□□□□
天大地大王亦大國中有四大而王居一焉人法地□法□＝
法□□法□□□爲根埊根埊爲趡君是以君子眾日行不離
其甾重唯有環官燕處□□□＝何萬乘之王而以身埊於天
下埊則失本趡則失君善行者勞跡□言者无瑕適善數者不
以檮筭善閉者无闗籥而不可啟也善結者□□約而不可解
也是以聲人恆善怵人而无弃人物无弃財是胃忡明故善□

□□之師不善人善人之齎也不貴其師不愛其齎唯知乎大
粃是胃眇要知其雄守其雌爲＝天＝下＝𥿮＝恆＝德＝不
＝雞＝復歸嬰兒知其白守其辱爲＝天＝下＝浴＝恆＝德
＝乃＝□□□□□知其守其黑爲＝天＝下＝式＝恆德＝
不＝貣＝復歸於无極楃散□□□□人用則爲官長夫大制
无割將欲取天下而爲之吾見其弗□□□□□□器也非可
爲者也爲者敗之執者失之物或行或隋或炅或□□□□□
或坏或撊是以聲人去甚去大去楮以道佐人主不以兵強□
天下□□□□□□所居楚朸生之善者果而已矣毋以取強
焉果而毋驕果而勿矜果而□□果而毋得已居是胃□而不
強物壯而老是胃之不＝道＝盃已夫兵者不祥之器□物或
惡之故有欲者弗居君子居則貴左用兵則貴右故兵者非君
子之器也□□不祥之器也不得已而用之銛襲爲上勿美也
若美之是樂殺人夫樂殺人不可以得志於天下矣是以吉事
上左喪事上右是以偏將軍居左上將軍居右言以喪禮居之
也殺人眾以悲依立之戰勝以喪禮處之道恆无名楃唯□□
□□□□□□王若能守之萬物將自賓天地相合以俞甘洛
民莫之□□□□□焉始制有□□□□有夫

所以不□俾道之在□□□□浴之與江海也知人者知也
自知□□□□者有力也自勝者□□□□□□也强行者
有志也不失其所者久也死不忘者壽也道□□□□□□
□□遂事而弗名有也萬物歸焉而弗爲主則恆无欲也可名
於小萬物歸焉□□爲主可名於大是□聲人之能成大也以
其不爲大也故能成大執大象□□往＝而不害安平大樂與
餌過格止故道之出言也曰談呵其味也□□不足見也聽之
不足聞也用之不可既也將欲拾之必古張之將欲弱之□□
强之將欲去之必古與之將欲奪之必古予之是胃微明柔弱
勝强魚不脫於瀟邦利器不可以視人道恆无名侯王若能守
之萬物將自愿＝而欲□□□□□□□之以无＝名＝之＝
握＝夫將不＝辱＝以情天地將自正

上德不德是以有德下德不失德是以无德上德无爲而无以
爲也上仁爲之而无以爲也上德爲之而有以爲也上禮爲之
而莫之應也則攘臂而乃之故失道而後德失德而句仁失仁
而句義失義而句禮夫禮者忠信之泊也而乿之首也前識者
道之華也而愚之首也是以大丈夫居□□□不居亓泊居亓
實而不居亓華故去罷取此昔之得一者天得一以清地得一
以寧神得一以霝浴得一以盈侯王得一而以爲正亓至也胃
天毋已清將恐蓮地毋已寧將恐發神毋□□將恐歇谷毋已
□將恐渴侯王毋已貴以高將恐欮故必貴以賤爲本必高矣
而以下爲圩夫是以侯王自胃孤寡不棠此亓賤之本與非也
故至數輿无輿是故不欲祿祿如玉而硌＝若石上□□道董
能行之中士聞道若存若亡下士聞道大笑之弗笑□□以爲
道是以建言有之曰明道如費進道如退夷道如類上德如浴
大白如辱廣德如不足建德如□質□□□大方无禺大器免
成大音希聲天象无刑道襃无名夫唯道善始且善成反也者
道之動也□□者道之用也天下之物生於有＝□於无道生
一＝生二＝生三＝生□□□□□□□□以爲和人
之所亞□□寡不棠而王公以自□□□□□□□云＝之而

益□□□□□□□□□□□□□□□□□□吾將以□□父
天下之至□馳騁乎天下□□□□□□□□无閒吾是以□□
□□□□也不□□□□□□□□□□□□□□□□矣名與□
□□□□□□□□□□□□□□□□□□□□□盈若沖亓
□□□□□□□□□□□巧如拙□□□□□□□絀趒勝寒□
□□□□□□□□天下有道□走馬以糞天下无道戎馬
生於郊罪莫大於可欲禍□□□□□□□□□□□□□□
□□□□足矣不出於戶以知天下不規於□□知天道亓出
籠遠者亓知籠□□□□□□□□□□□而名弗爲而成爲
學者日益聞道者日云=之有云以至於无□□□□□□□
□取天下恆事及亓有事也□□足以取天□□□人无恆心
以百省之心爲心善□□□□□□□□□□善也信者信之
不信者亦信之德信也耵人之在天下欲=焉□□□□□□
生皆注亓□□□□□□□生入死生之□□□□□之
徒十又三而民生=僮皆之死地之十有三□何故也以亓生
=也蓋聞善執生者陵行不辟累虎入軍不被兵革累无□□
□□□□□□亓蚤兵□□□□□□□□□也以亓无□□

□道生之德畜之物刑之而器成之是以萬物尊道而貴德道
之尊也德之貴也夫莫之爵也而恆自然也道生之□□□□
之亭之毒之養之復□□□□□□□□□□□弗宰是胃玄
德天下有始以爲天下母既得亓母以知亓子既○知亓母復
守亓母沒身不佁塞亓坁閉亓門冬身不堇啟亓坁齊亓□□
□不棘見小曰明守□□強用□□□□□□□□遺身央是胃
□常使我介有知行於大道唯他是畏大道甚夷民甚好解朝
甚除田甚芜倉甚虚服文采帶利劍猒食齎財□□□□盜□
□□非□也善建者□□□□□□□□□子孫以祭祀不絕脩之
身亓德乃真脩之家亓德有餘脩之鄉亓德乃長脩之國亓德
乃夆脩之天下亓德乃博以身觀身以家觀□□□□□國以天
下觀天下吾何□知天下之然茲以□含德之厚者比於赤子
蠭癘蟲蛇弗赫據鳥孟獸弗捕骨筋弱柔而握固未知牝牡之
會而朘怒精之至也冬日號而不嚘和□□□□□常知常曰
明益生□祥心使氣曰強物□則老胃之不＝道＝蚤已知者
弗言＝者弗知塞亓坁閉亓門和亓光同亓壨銼亓兌而解亓
紛是胃玄同故不可得而親亦□□得而□□□得而○利□
□□得而害不可得而貴亦不可得而賤故爲天下貴以正之

國以畸用兵以无事取天下吾何以知亓然也才夫天下多忌
諱而民彌貧民多利器□□□□昏□□□□□□□□□□
物茲章而盜賊□□是以□人之言曰我无爲也而民自化我
好犕而民自正我无事而民自富我欲不欲而民自樸亓正閔
＝亓民屯＝亓正察＝亓□□□福□之所伏孰知□極亓无
正也正□□□善復爲□□之迷也亓日固久矣是以方而不
割兼而不刺直而不紲光而不眺治人事天莫若嗇夫唯嗇是
以蚤＝服＝是胃重＝積□□□□□□□□□□□□莫＝知
＝亓＝□＝□□有＝國＝之母可□□久是胃□根固氐長
生久視之道也治大國若亨小鮮以道立天下亓鬼不神非亓
鬼不神也亓神不傷人也非亓申不傷人也□□□弗傷也夫
兩□相傷故德交歸焉大國□□□□□□□牝也天下之交
也牝恆以犕朕牡爲亓犕也故宜爲下大國以下□國則取小
＝國＝以下大國則取於大國故或下□□□下而取故大國
者不□欲幷畜人小國不□欲入事人夫□□其欲則大者宜
爲下道者萬物之注也善人之葆也不善人之所保也美言可
以市尊行可以賀人＝之不善□□□□立天子置三鄉雖有
□□璧以先四馬不若坐而進此古□□□□□□□□□□不

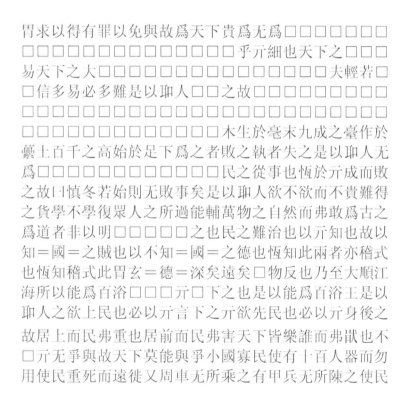

胃求以得有罪以免與故爲天下貴爲无爲□□□□□□□
□□□□□□□□□乎亓細也天下之□□□
易天下之大□□□□□□□□□□夫輕若□
□信多易必多難是以聖人□□之故□□□□□□
□□□□□□□□□□□□木生於毫末九成之臺作於
藁土百千之高始於足下爲之者敗之執者失之是以聖人无
爲□□□□□□□□□□民之從事也恆於亓成而敗
之故曰慎冬若始則无敗事矣是以聖人欲不欲而不貴難得
之貨學不學復眾人之所過能輔萬物之自然而弗敢爲古之
爲道者非以明□□□□□之也民之難治也以亓知也故以
知＝國＝之賊也以不知＝國＝之德也恆知此兩者亦稽式
也恆知稽式此胃玄＝德＝深矣遠矣□物反也乃至大順江
海所以能爲百浴□□□亓□下之也是以能爲百浴王是以
聖人之欲上民也必以亓言下之亓欲先民也必以亓身後之
故居上而民弗重也居前而民弗害天下皆樂誰而弗猒也不
□亓无爭與故天下莫能與爭小國寡民使有十百人器而勿
用使民重死而遠徙又周車无所乘之有甲兵无所陳之使民

復結繩而用之甘亓食美亓服樂亓俗安亓居叟國相望雞犬
之□□聞民至老死不相往來信言不美＝言不信知者不博
＝者不知善者不多＝者不善即人无積既以爲人已俞有既
以予人矣已俞多故天之道利而不害人之道爲而弗爭天下
□胃我大＝而不宵夫不宵故能大若宵久矣亓細也夫我恆
有三珤市而珤之一曰茲二曰檢三曰不敢爲天下先夫慈故
能勇檢敢能廣不敢爲天下先故能爲成器長□捨亓茲且勇
捨亓檢且廣捨亓後且先則死矣夫茲以單則朕以守則固天
將建之如以茲垣之故善爲士者不武善單者不怒善朕敵者
弗與善用人者爲之下是胃不爭□德是胃用人是胃肥天古
之極也用兵又言曰吾不敢爲主而爲客不敢進寸而退尺是
胃行无行襄无臂執无兵乃无敵禍莫大於无＝適＝近○亡
吾珤矣故抗兵相若則依者朕□吾言易知也易行也而天下
莫之能知也莫之能行也夫言又宗事又君夫唯无知也是以
不我知＝者希則我貴矣是以即人被裼而裛玉知不知尚矣
不知知病矣是以即人之不□也以亓病＝也是以不病民之
不畏＝則大畏將至矣毋伸亓所居毋猒亓所生夫唯弗猒是
以不猒是以即人自知而不自見也自愛而不自貴也故去罷

取此勇於敢則殺勇於不敢則栝□兩者或利或害天之所亞
孰知亓故天之道不單而善朕不言而善應弗召而自來單而
善謀天罔祏＝疏而不失若民恆且○不畏死若何以殺曜之
也使民恆且畏死而爲畸者□得而殺之夫孰敢矣若民恆且
必畏死則恆又司殺者夫代司殺者殺是代大匠斲夫代大匠
斲則希不傷其手人之飢也以亓取食蹄之多是以飢百生之
不治也以亓上之有以爲也□以不治民之輕死以亓求生之
厚也是以輕死夫唯无以生爲者是賢貴生人之生也柔弱亓
死也脯信堅強萬□□木之生也柔梓亓死也棟槁故曰堅強
死之徒也柔弱生之徒也□以兵強則不朕木強則競強大居
下柔弱居上天之道酉張弓也高者印之下者舉之有餘者云
之不足者□□□□□□云有餘而益不足人之道云不足而
奉又餘夫孰能又餘而□□奉於天者唯又道者乎是以耵人
爲而弗又成功而不居也若此亓不欲見賢也天下莫柔弱於
水□□□□□□□□□以亓无以易之也水之朕剛也弱之
朕強也天下莫弗知也而□□□□也故耵人之言云曰受國
之詢是胃社稷之主受邦之不祥是胃天下之王正言若反禾
大□□□□□□□爲善是以耵人執左芥而不以責於故

又德司芥无德司勞□□□□□□□□□

德　三千卅一

道可道也□□□□□□□□□恆名也无名萬物之始也有
名萬物之母也故恆无欲也□□□□恆又欲也以觀亓所噭
兩者同出異名同胃玄之又玄眾眇之門天下皆知美之爲美
亞已皆知善斯不善矣□□□□生也難易之相成也長短之
相刑也高下之相盈也音聲之相和也先後之相隋也恆也是
以聊人居无爲之事行不言之教萬物昔而弗始爲而弗侍也
成功而弗居也夫唯弗居是以弗去不上賢使民不爭不貴難
得之貨使民不爲盜不見可欲使民心不乿是以聊人之治也
虛亓心實亓腹弱亓志强亓骨恆使民无知无欲也使夫知不
敢弗爲而已則无不治矣道沖而用之有弗盈也淵呵佁萬物
之宗銼亓兌解亓芬和亓光同亓塵湛呵佁或存吾不知亓誰
子也象帝之先天地不仁以萬物爲芻狗聊人不仁□百姓爲
芻狗天地之閒其猶橐籥輿虛而不淈勤而俞出多聞數窮不
若守於中浴神不死是胃玄＝牝＝之門是胃天地之根緜＝
呵亓若存用之不堇天長地久天地所以能長且久者以亓不
自生也故能長生是以聊人退其身而身先外亓身而身存不

以亓无私與故能成其私上善如水＝善利萬物而有爭居眾
之所亞故幾於道矣居善地心善淵予善天言善信正善治事
善能動善時夫唯不爭故无尤㧪而盈之不若亓已揣而允之
不可長葆也金玉□室莫之能守也貴富而驕自遺咎也功遂
身退天之道也戴營袙抱一能毋離乎槫氣至柔能嬰兒乎脩
除玄監能毋疵乎愛民栝國能毋以知乎天門啟闔能爲雌乎
明白四達能毋以知乎生之畜之生而弗有長而弗宰也是胃
玄德卅福同一轂當亓无有車之用也燃埴而爲器當亓无有
埴器之用也鑿戶牖當亓无有室之用也故有之以爲利无之
以爲用五色使人目盲馳騁田臘使人心發狂難得之貨○使
人之行仿五味使人之口爽五音使人之耳□是以耶人之治
也爲腹而不爲目故去彼而取此弄辱若驚貴大患若身何胃
弄辱若驚弄之爲下得之若驚失之若驚是胃弄辱若驚何胃
貴大患若身吾所以有大患者爲吾有身也及吾无身有何患
故貴爲身於爲天下若可以橐天下□愛以身爲天下女可以
寄天下矣視之而弗見□之曰微聽之而弗聞命之曰希捪之
而弗得命之曰夷三者不可至計故綒而爲一＝者亓上不謬
亓下不物尋＝呵不可命也復歸於无物是胃无狀之狀无物

之象是胃沕盟隋而不見亓後迎而不見亓首執今之首以御
今之有以知古始是胃道紀古之□爲道者微眇玄達深不可
志夫唯不可志故強爲之容曰與呵其若冬涉水猷呵亓若畏
四□嚴呵亓若客渙呵亓若淩澤沌呵亓若樸湷呵亓若濁湆
呵亓若浴濁而靜之徐清女以重之徐生葆此道□□欲盈是
以能斃而不成至虛極也守靜督也萬物旁作吾以觀亓復也
天物耘＝各復歸於亓根曰靜＝是胃復＝命＝常也知常明
也不知常芒＝作兇知常容＝乃公＝乃王＝乃天＝乃道＝
乃沒身不殆大上下知又□亓□親譽之其次畏之其下母之
信不足安有不信猷呵亓貴言也成功遂事而百姓胃我自然
故大道廢安有仁義知慧出安有□□六親不和安又孝兹國
家閶乿案有貞臣絕聲弃知而民利百倍絕仁弃義而民復孝
兹絕巧弃利盜賊无有此三言也以爲文未足故令之有所屬
見素抱樸少□而寡欲絕學无憂唯與呵亓相去幾何美與亞
亓相去何若人之所畏亦不可以不畏人望呵亓未央才眾人
巸＝若鄉於大牢而春登臺我博焉未挑若嬰兒未咳纍呵佁
无所歸眾人皆又餘我我愚人之心也湷＝呵鬻人昭＝我獨
若閭呵鬻人蔡＝我獨閩＝呵沕呵亓若海望呵亓若无所止

眾人皆有以我獨門元以鄙吾欲獨異於人而貴食母孔德之
容唯道是從道之物唯朢唯沕＝呵朢呵中又象呵朢呵沕呵
中有物呵幼呵冥呵元中有請呵元請甚真元中有信自今及
古元名不去以順眾父吾何以知眾父之然也以此炊者不立
自視者不章自見者不明自伐者无功自矜者不長元在道也
曰粽食贅行物或亞之故有欲者弗居曲則全枉則正窪則盈
獘則新少則得多則惑是以聖人執一以爲天下牧不自視故
章不自見也故明不自伐故有功弗矜故能長夫唯不爭故莫
能與之爭古之所胃曲全者幾語纔誠全歸之希言自然飄風
不冬朝暴雨不冬日孰爲此天地而弗能久有兄於人乎故從
事而道者同於道德者同於德失者同於失同於德者道亦德
之同於失者道亦失之有物昆成先天地生蕭呵謬呵獨立而
不玹可以爲天地母吾未知元名也字之曰道吾強爲之名曰
大＝曰筮＝曰遠＝曰反道大天大地大王亦大國中有四大
而王居一焉人法地＝法天＝法道道法自然重爲輕根清爲
趮君是以君子冬日行不遠元甾重雖有環官燕處則昭若＝
何萬乘之王而以身輕於天下輕則失本趮則失君善行者无
達跡善言者无瑕適善數者不用檮笭善〇閉者无關籥而不

可啟也善結者无纆約而不可解也是以耶人恆善怵人而无
弃人物无弃財是胃曳明故善＝人＝之師不善人善人之資
也不貴亓師不愛亓資唯知乎大迷是胃眇要知亓雄守亓雌
爲＝天＝下＝雞＝恆＝德＝不＝離＝復□□□□□亓白
守亓辱爲＝天＝下＝○浴＝恆＝德＝乃＝足＝復歸於樸
知亓白守亓黑爲＝天＝下＝式＝恆＝德＝不＝貸＝復歸
於无極樸散則爲器耶人用則爲官長夫大制无割將欲取□
□□□□□□□□得已夫天下神器也非可爲者也爲之者
敗之執之者失之○物或行或隋或熱或矬或陪或墮是以聖
人去甚去大去諸以道佐人主不以兵強於天下亓□□□□
□□□棘生之善者果而已矣毋以取強焉果而毋驕果而
勿矜果□□伐果而毋得已居是胃果而強物壯而老胃之不
＝道＝蚤已夫兵者不祥之器也物或亞□□□□□□□□
子居則貴左用兵則貴右故兵者非君子之器也兵者不祥□
器也不得已而用之銛襲爲上勿美也若美之是樂殺人夫樂
殺人不可以得志於天下矣是以吉事□□□□□□□是以偏
將軍居左而上將軍居右言以喪禮居之也殺□□□□□立
□□朕而以喪禮處之道恆无名樸唯小而天下弗敢臣侯王

若能守之萬物將自賓天地相合以俞甘洛□□□令而自均
焉始制有名＝亦既有夫亦將知＝止＝所以不殆卑□□在
天下也猷小浴之與江海也知人者知也自知者明也朕人者
有力也自朕者強也知足者富也強行者有志也不失亓所者
久也死而不忘者壽也道渢呵亓可左右也成功遂□□弗名
有也萬物歸焉而弗爲主則恆无欲也可名於小萬物歸焉而
弗爲主可命於大是以耵人之能成大也以亓不爲大也故能
成大執大象天下往＝而不害安平大樂與□過格止故道之
出言也曰淡呵其无味也視之不足見也聽之不足聞也用之
不可既也將欲擒之必古張之將欲弱之必古〇強之將欲去
之必古與之將欲奪之必古予〇是胃微明柔弱朕強魚不可
說於淵國利器不可以示人道恆无名侯王若能守之萬物將
自化＝而欲作吾將闐＝之＝以＝无＝名＝之＝樸＝夫將
不＝辱＝以靜天地將自正
道　二千四百廿六